高绩效
人才密码

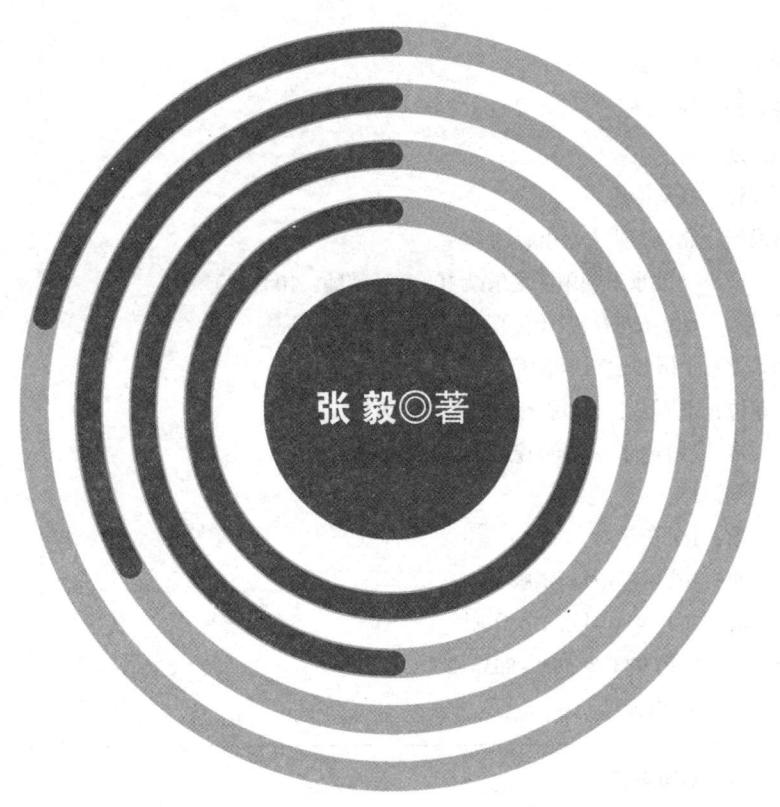

张 毅 ◎ 著

北京工业大学出版社

图书在版编目（CIP）数据

高绩效人才密码/张毅著.—北京：北京工业大学出版社，2023.6

ISBN 978-7-5639-8655-2

Ⅰ.①高… Ⅱ.①张… Ⅲ.①企业管理－人才管理－研究 Ⅳ.① F272.92

中国国家版本馆 CIP 数据核字 (2023) 第 097506 号

高绩效人才密码
GAOJIXIAO RENCAI MIMA

著　　者：	张　毅
策划编辑：	郑　毅
责任编辑：	杜一诗
特约策划：	张　杰
封面设计：	视觉传达
出版发行：	北京工业大学出版社
	（北京市朝阳区平乐园 100 号　邮编：100124）
	010-67391722（传真）　　bgdcbs@sina.com
经销单位：	全国各地新华书店
承印单位：	香河县宏润印刷有限公司
开　　本：	710 毫米 ×1000 毫米　1/16
印　　张：	13
字　　数：	154 千字
版　　次：	2023 年 6 月第 1 版
印　　次：	2023 年 6 月第 1 次印刷
标准书号：	ISBN 978-7-5639-8655-2
定　　价：	68.00 元

版权所有　翻印必究

（如发现印装质量问题，请寄本社发行部调换　010-67391106）

自序

对企业来说，只有进行必要的人才盘点，才能将优秀人才为企业所用。概括地讲，各行各业的人员类型，大致有如下分类。

1. 低绩效者

在实际工作中，这类人既不能达到现有职务的绩效标准，也无法交付期望的结果。他们不愿意接受挑战，不愿意学习，自我闭塞，无法适应未来的发展。他们都是问题员工，如果不是因为个人意愿或能力问题，则需要进行管理和引导来逐渐改善，提升绩效，或将其转调到其他岗位，否则就需要让他们尽快离开企业。

2. 稳定贡献者

这类人一般都熟悉现有的工作，能持续地达到现有职务的绩效标准，但其若到了新环境，就很难适应了。他们都是普通员工，企业需要让他们持续待在同一职级的同一岗位或不同岗位上，并为他们确定业绩目标，促使他们在规定的时段内提升核心能力；否则，他们很可能会被淘汰。

3. 绩效不稳定者

这类人清楚地了解自己现有的工作性质，而其业绩却无法达到预期，但他们可以很好地适应新环境。他们跟优秀员工有一定的差距，只能达到该层级要求的部分绩效标准。之所以会出现这种落差，主要是因为他们不具备该职务所需的技能，且长期以来他们的能力没有得到提高。因此，这类人如果想提升和改善自己，就需要管理者为其提供新的环境。

4. 明星员工

这类人通常都非常熟悉自己的现有工作，能不断地产出超越期望的业绩并得到高绩效评级，只不过受到潜能的限制，其综合能力表现很差，可能无法有效地适应新环境。他们一般都是熟练员工，表现优异，能在自己的工作范围内扮演不同的角色。例如经验丰富的专业人员，其不仅能培训新员工，还能为公司提供所需的专业技能。这类人需要保持工作积极性，持续产出好的业绩，不断地提高核心能力，主动迎接未来的挑战。

5. 有经验的专业人士

这类人通常都了解现有的工作，能持续地达到目标期望，其绩效和潜力均处于中等水平。面对新的环境和挑战，他们可以通过学习提升技能，适应新的环境。他们是团队的中坚力量，能达到现有职务的绩效标准，他们也愿意并能够尝试承担较大的职责。

6. 未经雕琢的人才

通常，企业很难从这类人身上获得期望的业绩，因为他们之前的绩效不错，企业很可能会认为他们有潜力晋升职位。面对新的绩效标准，他们也会不断地调整自己，提升自己。同时，他们的学习能力也非常强，能够持续地迎接新的挑战。这类人是待展现者，企业要重视这类人，帮助他们尽快适应新岗位。需要注意的是，这类人的调适要经历一个过程，企业要给予他们一定的时间，理解他们产生的自我挫败感，协助他们渡过难关。

7. 有潜力的高效人才

这类人通常绩效很好，但其个人综合能力一般。他们非常了解自己的工作，各方面的表现都相当不错，他们的个人业绩经常名列前茅，能够持续地为团队创造超越期望的高绩效。同时，他们还能不断地提升技能，能较快地适应新环境，并且能够展现出勇于承担职责的意愿和潜力。对于这类人才，企业可适当地为他们提供能够提升综合能力的岗位和机会，以激发他们展现更多的潜能。

8. 未来之星

这类人当前的绩效一般，但他们具有极高的潜能，经过培养，他们大多能够达到团队的期望。他们对目前的工作得心应手，并且善于学习，能够持续迎接不同的挑战。他们是企业的潜力之星，既符合现有岗位的绩效标准，又能展现出极高的潜能，他们的晋升空间很大。对于这类人才，企业可以为他们提供更具挑战性的目标，或安排他们从事多样性的工作，以便让他们能够更好地释放潜能。

9. 一贯的明星员工

不论是现有职务的绩效表现，还是未来潜能的发展，这类人都表现优异。他们是企业的超级明星，在给他们安排新职务的同时，也要给他们提供足够快的成长机会，让他们能够迅速获得晋升，为企业创造更大的价值。

10. 最高潜力人才

这类人是潜在的公司高管，需要企业慧眼识珠。他们是团队中的超级明星，具备往更高职位上升的潜能，是未来的核心管理者。

以上就是企业中的十类人才，那么，企业需要重点发展哪些人才呢？

第一梯队人才。处于第一梯队的是高绩效且高潜能的人。如果企业的业绩不理想，就要利用好这一梯队的人员，比如前文分析的第7、8、9、10类人。在一定条件下，这些人才发展最快，也是组织中最重要的人才资源，只要给他们提供合适的工作岗位和培训机会，他们就能很快地成长为既有高潜能又能创造高绩效的优秀人才，比如高层管理者、销售冠军、技术强者等，为企业创造巨大价值。

第二梯队人才。第二梯队的人才是具备中高潜能而绩效处于中等水平的人，比如前文分析的第5、6类人。他们具有较高的意愿和潜能，愿意改变自己和提升自己。对于这一梯队的人员，企业要根据他们的短板，有针对性地制订培养方案，以激发他们的潜能和优势。

第三梯队人才。这一梯队的人才，潜能和绩效都不高，比如前文分析的第2、3、4类人。对于目前的业务，他们是有价值的，但由于其缺乏学习、成长和改变的意愿，他们被企业淘汰的可能性也比较大。即使当前业绩不错，对企业而言，他们也可能只是阶段性的人才。

那么，究竟什么是人才？我们该如何定义人才？人才可以培养吗？人才是天生的，还是靠后天训练出来的？人才是通过筛选才能发现的吗？熟练工算不算人才？

…………

在本书中，我们就来一起深入探讨以上问题，同时笔者也希望大家带着这些问题去阅读本书，从而获得更大的收获。

前言

古语有云："千军易得，一将难求。"人才的重要性不言而喻。对组织来说，人才是最重要、最关键的因素。要想把事业做大，你就必须拥有一双发现人才的"慧眼"，善于识别人才、使用人才，懂得借用人才的智慧成就自己。

团队是多人的集合体，人力是最宝贵的资源，也是第一资源，因此爱人才就是爱团队。

爱才是爱企的本质特征。如果把企业看成一棵树，那么人才就是树干，文化就是树根。而这棵树能否茁壮成长，则完全取决于根系的发达程度和树干的生长情况。

许多企业的发展实践表明，人才是企业发展的原动力和引擎。企业要想在困境中寻出路、谋发展，并再度崛起，就要重视且聘用人才，否则一切就只能是空想。因为企业的资金、装备、资源和先进的技术及管理等，都是由人创造、掌握和控制的。因此，在人、财、物等诸多因素中，人是最活跃、最可靠的因素，也是企业体制创新、管理创新、技术创新、发展转型的战略核心。

在新时代，要想做好人才工作，首先要尊重劳动、尊重知识、尊重人才、尊重创造，我们需要将生产力和资源等有机结合起来，注重人才培养的连续性，区分不同层次的学习，采用多样化的培养方法，科学地创建机制，促进人才建设的全面发展。我们要以最大的努力、热情和措施，加大人才工作和人才队伍建设。

为了给读者以启示，我们特意编写了本书。本书从人才涌现的土壤、人才密度、人才的识别和人才培养等多个角度进行分析，相比于市场上同类书多从识人用人的角度阐述，本书的论述更为新颖和多元化，也更贴合实际。

本书适合企业中高层管理人员以及人力资源从业者阅读。同时，也适合初任管理岗位和有志向管理岗位转型的人员阅读参考。

本书分为以下四章内容。

第一章，主要讲述工作岗位和人的天赋，指出了正确识别人的天赋的重要性。

第二章，主要讲述人才成长的土壤。制度是人才成长的土壤，要想不断地发现并留住人才，就要制定有利于人才成长的良好制度，并不断优化这种制度。

第三章，主要讲述人才的识别，以及用人、末位淘汰和裁员。本章内容也是全书的小高潮。

第四章，主要讲述跟人事相关的流程，供读者参考。

最后，笔者愿以此书与广大读者结缘，同时愿与更多的人力资源工作者、咨询行业的同行、企业管理者共同交流，取长补短，共同成长。

目录

第一章 职业、兴趣和天赋

第一节 职业 / 2

第二节 兴趣 / 5

一、什么是兴趣 / 5

二、员工兴趣偏好管理 / 7

第三节 天赋 / 11

一、天赋是与生俱来的资质 / 11

二、天赋的种类有哪些？ / 12

第二章 制度——人才涌现的土壤

第一节 制度思维 / 22

一、制度设计的三原则 / 22

二、什么是好的制度 / 24

三、股权激励制度 / 29

四、知识库 / 35

第二节　噪声与决策 / 42

一、噪声 / 42

二、决策 / 46

第三节　教练体系和目标管理 / 52

一、同质化竞争 / 52

二、教练体系 / 54

三、OKR 目标管理 / 56

第四节　问题思维与创新 / 68

一、问题思维 / 68

二、创新 / 70

第三章　人才密码

第一节　话题面试法 / 74

第二节　人才画像和测评中心 / 78

一、人才画像 / 78

二、测评中心 / 83

第三节　面试流程和面试现场 / 106

一、面试流程 / 106

二、现场面试 / 109

第四节 末位淘汰和解聘 / 114

一、人才密度 / 114

二、死海效应 / 117

三、解聘 / 125

四、国企和事业单位的共生策略 / 129

第五节 劳动合同法与企业用工风险规避 / 131

一、企业用工的典型风险 / 131

二、第三方 HR / 139

三、271 人才盘点 / 146

四、变大象为群狼 / 151

第四章 和人事相关的流程

第一节 什么是好流程 / 154

第二节 如何制定好流程 / 161

一、制定好流程的方法 / 161

二、制定好流程的注意事项 / 164

第三节 树立流程思维，实现流程管理 / 166

一、流程思维 / 166

二、流程管理的内容 / 167

第四节 与人事相关的流程 / 169

一、招聘流程 / 169

二、入职流程 / 177

三、培训流程 / 180

四、离职流程 / 184

五、主动离职流程 / 188

第五节 共享的流程知识库 / 190

第一章
职业、兴趣和天赋

本章主要阐述工作与职业、兴趣和天赋之间的关系。第一节,讲述工作岗位的分类;第二节,主要讲兴趣;第三节,主要讲天赋。通过阅读,可以了解到哪些工作岗位的员工资历越老越值钱;哪些工作岗位的员工随时可能会失业。同时,本章会教你认识天赋和发掘自己天赋的方法,以及与天赋有关的一些简单易用的小方法。

第一节　职业

你觉得什么样的工作是好工作？

你觉得什么样的工作，才能让你资历越老越值钱？

为什么有些人中年失业了，就找不到工作？

为什么有些人从来不担心失业，猎头抢着要？

要想回答这些问题，我们先来看下图，如图1-1所示。

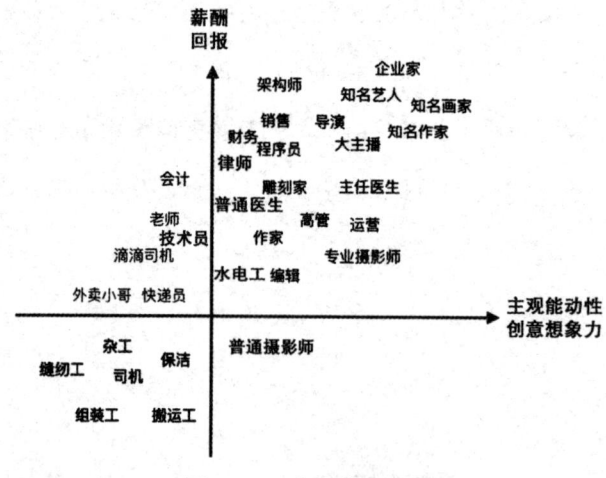

图1-1　工作岗位四象限图

根据图 1-1，就能引出标准化工作岗位和非标准化工作岗位的概念。

第一种　标准化工作岗位

何为标准化工作岗位？比如办公室文员、流水线工人、送货司机、外卖小哥、代驾等，就是标准化的工作岗位。这些岗位都有标准化的工作流程，既不需要发挥主观能动性，也不需要发挥创意及想象力，只要按照固定的流程执行即可完成工作。

在日常生活中，90% 的岗位都是标准化的工作岗位。

第二种　非标准化工作岗位

什么是非标准化工作岗位？这类岗位多半是指创意类工作岗位。比如产品设计师、产品经理、流程再造工程师、制度设计师、战略规划师、数据分析师、选品经理，以及产品运营、店铺运营、新媒体运营、其他与市场和品牌等相关的工作岗位。

这类工作岗位没有标准的工作流程，工作质量的好坏取决于思维能力的高低，这类工作需要根据结果不断优化工作流程，且经常要面对新问题和新情况。这类工作需要从业者具有一定的创意和想象力，需要有打破常规的意识。比如产品经理会面临用户的各种不同需求，制度和流程设计师会面对不同公司的不同流程，运营和市场人员需要应对不断变化的市场。

第三种　介于标准化和非标准化之间的工作岗位

介于标准化和非标准化之间的工作岗位，比如律师、医生、人力资源专员（HR）、销售人员、程序员等。

这类工作岗位虽然有标准化的作业流程，但是也需要从业者发挥极大的创造性。比如律师要面对不同的案件、医生要面对不同的患者、HR要面对不同的员工、销售要面对不同的客户需求、程序员要面对不同的项目需求，而要想解决所有问题，就要提高创造性思维能力。

那么，随着标准化岗位和非标准化岗位员工的年龄越来越大，其结果会有什么不同吗？不难发现，标准化工作岗位的员工的年龄虽然增长了，但其收入却很难增加；而非标准化工作岗位的员工则相反，他们的收入会随着年龄的增长而不断增加。比如，刚入职医院的医生，其月工资可能只有几千元，但随着资历的增加，其年收入甚至可以达到百万元。医生的升职路径是住院医师→主治医师→副主任医师→主任医师→知名专家。

造成这个结果的根本原因是：在标准化工作岗位上工作10年的员工，其工作经验只是把1年的工作经验重复了10年，所以他们的知识并没有随着年龄的增长而增加。而非标准化岗位员工的经验和知识会随着工作年限的增长而不断增加。

公司急需的人才永远都是非标准化人才。因为能把非标准化工作做好的人才，在市场上永远是紧缺的。

能把标准化的工作做好的人，可以成为一个熟练工；能把非标准化工作做好的人，才可以成为"人才"。

管理工作的核心是管人，而人是在不断变化着的，所以管理没有一劳永逸的方法。管理工作是一种典型的非标准化工作，管理者要帮助公司找到尽可能多的非标准化人才，提高公司的人才密度。

第二节 兴趣

作为管理者,在面试时要尽可能地了解应聘者的兴趣。如某员工很有美学天赋,却对美工、设计之类的岗位毫无兴趣,如果企业对他进行这方面的培养,那就是在浪费时间。

兴趣是最好的老师。如果你从事的职业正好是你感兴趣的事情,那你就不会产生过多的压力,反而会很享受工作带来的乐趣。

一、什么是兴趣

说到兴趣,人们有时会因为对它的理解有偏差,而导致与它无缘。

有这样一个问题:"我喜欢吃美食、看电视剧、睡觉,这些算不算兴趣?"

在回答这个问题之前,我们要弄明白的是,究竟什么是真正的兴趣?

兴趣是一种带有情感色彩的认识倾向,它以认识和探索某种事物的需要为基础，是推动一个人认识事物、探索事物的重要动机，是个人学习和生活中最活跃的因素。简单来说，兴趣是一个起点，可以推动人们继续认识和探索事物。

兴趣以需要为基础，因认识而深化，与认识和情感相联系。若对某个事物或活动缺少认识，就不会对它产生情感，更不会对它有兴趣。反之，认识越深刻，情感越强烈，兴趣也会越浓厚。比如，睡觉、吃美食等是生理需求，一旦被满足，需求就停止了。仅停留在这个层面的事物，还不能称为兴趣。

那么，什么才是兴趣？比如，睡觉时，你还在研究人在什么情况下能更好地入睡并提高睡眠质量，并对房间的光线、床的软硬度、枕头的高低、床的朝向、人的躺姿等参数进行研究，这时就指向了兴趣。你对这些方面进行深入研究，今后就能成为睡眠体验师、高品质床的设计师等。

还有一个问题："我在打游戏时能沉浸其中、欲罢不能，这是不是兴趣？"要回答这个问题，就要看你在打游戏的过程中，能量是消耗了，还是增长了。如果你一边打游戏一边感到内疚，那你是在消耗能量，打游戏就不是兴趣。游戏可以满足人们的好奇心、成就感等心理需求，如果人们沉浸其中，时间久了，就不是在玩游戏，而是"被游戏玩"。如果你能沉浸于研究这个游戏为何吸引人、游戏的环节设置是怎样的、游戏中有没有什么漏洞及如何破解，等等，就可视作兴趣。

兴趣起源于个体的需要，它是在社会实践中形成的。这种内在的个体心理倾向在人的心理和行为中发挥着积极作用，它可以让你长期专注于某一方向，通过不断的努力取得令人瞩目的成绩。

人的兴趣都是以需要为前提和基础的。但是需要有直接与间接之分，兴趣也分为直接兴趣和间接兴趣，二者的不同在于人是否对实践本身感兴趣。马斯洛需求层次理论告诉我们，当人们的生理需要或物质需要得到满足时，便会追求更高层次的精神满足。兴趣作为需要的延伸，就会表现为高层次的需要满足。

兴趣偏好是个人对其意志目标所指向的事物，形成特定的情感，爱它、惜它、护它、成就它，使其意志欲望相对稳定地固定在所选择的对象上。也可以说，它是个人的某种意志欲望所处的一种状态，即一种高强度的意志欲望。只要一想到它，心里就激动；一接触它，就不自主地开始行动。

二、员工兴趣偏好管理

把需要员工承担的岗位职责和完成的工作内容，变成他们自己的兴趣偏好，对管理者和被管理者来说，都是最好的结果。这时，管理者不再需要为让员工做好工作而投入进行管控和督促的精力，员工也能在工作中享受自己的人生了。

很多员工之所以在工作中达到忘我的境界，品尝着"痛并快乐着"的幸福，是因为其工作本身在很大程度上激发了他们的内在潜能，而将这种潜能、幸福感与工作相连在一起的最重要的因素就是兴趣。

作为个体的典型心理倾向，兴趣在很大程度上决定着员工的行为和努力程度，以及员工能否在工作中感到幸福和满意。此外，作为心智的重要组成部分，兴趣还决定着管理层对员工在精神层面进行的引导、激发和鼓励是否有效。因此，作为管理者，只有用心发现员工的兴趣所在，了解他们的这种心理倾向，才能激发员工的工作热情和激情。

1. 准确识别员工的价值兴趣点

个人的兴趣有很多，但不是所有的兴趣都对工作产出有价值，所以管理者需要识别下属的与工作相关的兴趣点。换句话说，就是分工与个人偏好相匹配，让合适的人做对应的工作。比如，将喜欢钻研的员工派去搞技术；将善言谈的员工派去做市场……

2. 建立健全引导鼓励机制

有时候，员工根本就不知道自己喜欢干什么、擅长干什么，这时就需要管理者通过科学的评价体系帮助员工进行识别，对员工的能力进行评估，通过员工在不同任务中的表现，包括活跃度和工作完成效果，对他们的兴趣类型进行评价。然后，对于问题严重的地方，为员工提供实践的机会和正向激励，帮助员工实现从喜欢到专长的升华。

对员工的兴趣偏好发展进行管理的具体要求，概括起来主要有以下 8

方面。

（1）制定鼓励员工根据自身特点和企业发展需要，发展员工兴趣偏好的具体引导管理措施。不能放任员工的兴趣偏好随意发展，尤其不能让与企业发展需求相对立的员工兴趣偏好任意发展。

（2）重视岗位关联轮换法的实施。实施目的是让员工有充分的机会根据自己的兴趣偏好选择工作岗位，使员工的岗位职责和工作内容能最大限度地与兴趣偏好相吻合。

（3）重视时尚营造法的实施。有计划地营造企业时尚，引导员工形成和发展能与企业发展需要相吻合的个人兴趣偏好。

（4）对于不能直接服务于企业发展的员工兴趣偏好，只要对企业发展没有负面作用，就要承认其合理性，并予以鼓励，使员工有机会通过这种兴趣偏好的发展来提升相关方面的能力。

（5）管理者必须要有统一的行为活动模式设计管理，引导下属发展自己的兴趣偏好，即通过"上有所好，下有所效"的机理，有效推动员工兴趣偏好的形成和发展。

（6）根据企业的实际情况，在员工兴趣偏好发展的必要物质条件配置上，做出财务安排，保障员工个人兴趣偏好的发展。

（7）制定鼓励员工发展兴趣偏好活动的措施。包括定期或不定期地组织比赛活动，从而引导和丰富员工的兴趣偏好等。

（8）对于员工现存的不良偏好，不能仅进行强制性约束，还要通过引导和教育，让他们自主调整，形成良好的兴趣偏好。尤其要通过淡化关注的方式，改变员工的不良兴趣偏好，避免强制性约束引起员工的逆反心理，造成他们与企业倡导的良好兴趣偏好相对抗。

第三节 天赋

上大学时的贝索斯遇到一道很难的数学题,他想了很久都没有得出答案,只能向年级里最优秀的理科生请教。结果这个理科生很快就算出了答案。拿到答案后,贝索斯彻夜难眠,第二天他就将自己正在读的物理专业改为计算机专业。这为他后来创立亚马逊埋下了伏笔。

因为那一晚他终于意识到,自己根本就不是学物理的料。

这个故事告诉我们,如果你已经很努力,且持之以恒,却无法取得理想的成果,那就要换个思路了。不要将精力花在自己不感兴趣且没有天赋的领域上,否则你很可能就是在浪费自己的时间和生命。

一、天赋是与生俱来的资质

天赋是个人与生俱来的能力,甚至是与众不同的能力,每个人都有自己的天赋。

天赋是个人在成长之前就已经具备的成长特性，借助天赋上的明显优势，个人就能在对应的领域比他人更容易取得成就。大量的研究证明，天赋是受先天基因调控的，每个人的天赋就像手指一样长短不同，只要针对天赋特点进行顺势、科学地培养，就能对个体成长产生积极影响。

天赋是我们的优势所在，不管我们有没有发现天赋、有没有发挥出它的作用，它一直都存在，只要能找到它，增强它，我们就能变得更强大。发现天赋，了解自己，自己就能活得更幸福。

每个人都有多种天赋潜能，这些天赋潜能通常由多个基因决定，包括聪敏基因、领悟基因、记忆基因、思维基因、情感基因、专注基因、耐力基因、强壮基因、体能基因等。这些基因经过组合，就形成了个人未来成长发展的优势和劣势方向。

二、天赋的种类有哪些？

人类的主要天赋包括以下几种类型。

1. 创造力 (creativity)

创造力是一个人发现问题和提出问题的能力。牛顿通过苹果落地的现象，发现了万有引力定律；爱因斯坦通过著名的电梯假想实验，发现了相对论。原因何在？因为他们都具备无与伦比的创造力天赋。

如果想判断个人是否具有创造力天赋，可以留意以下3个方面。

（1）忧虑赋予创造力。虽然每个人都有让自己担心的事，但有些人比大多数人更担心和沉迷于对自己的忧虑中。如果你喜欢过度思考问题，或者经常做出与忧虑相关的行为，那么你的创造力可能就不错。

（2）活跃的想象力。伦敦国王学院的研究人员发现，易受威胁影响的人，其大脑中控制威胁感知的部分的活动水平更高，能够比大多数人更快地进入恐慌模式。这类人往往具有异常活跃的想象力。过度活跃的想象力是创造型天才的基本特征，被无尽的智慧所驱动。

（3）善于思考未来。不提问，就不会查找，更无法找到创造性的答案。陷入麻烦的过程有助于寻找机会，更有利于将事情做好。比如，如果人们不思考如何更快地移动，轮子可能就不会被发明出来；如果亚历山大·弗莱明不关心细菌感染，今天我们可能依然生活在一个没有抗生素的世界；如果人们不担心意外怀孕，各种避孕措施就不可能出现。

2. 想象力（imagination）

想象力是天赋的一种，特别是在艺术领域，更重视想象力这种天赋。具有想象力的人，往往得到更多机遇；想象力丰富的人，在艺术领域或相关行业里工作会更加顺利；想象力丰富的人，或许社会地位更高，因为无论是环境设计还是软件设计，想象力都是基础，若某人的想象力天赋强大，其未来之路也容易走得更顺畅。

举个简单的例子，刘慈欣是世界级的科幻作家，他的想象力当不同凡响。电影《流浪地球》中设定的行星发动机可以带着整个地球离开太阳系，这就是想象力的体现，也是创作者的天赋所在。

作家和导演都是具有想象力天赋的群体。没有想象力，就没有创作能力，就是因为作家具备想象力天赋，才让一个个精彩的人物跃然纸上。比如，动画片中的哆啦A梦总能从口袋里掏出各种道具；名侦探柯南总能遇到各种案件；童话作品中的舒克和贝塔能够乘坐玩具飞机和坦克环游世界；金庸的武侠世界、漫威的英雄世界……

可以试想一下，假如人类缺乏想象，世界将会怎样？

3. 逻辑思维（logic）

所谓逻辑思维能力，就是对事物正确、合理思考的能力，也是对事物进行观察、比较、分析、综合、抽象、概括、判断和推理的能力，能运用科学的逻辑方法，清晰地描述出自己的思维过程。

1974年，联合国公布了7大类基础学科，处于前两位的学科是数学和逻辑学。这说明逻辑思维能力的地位已经得到了大多数国家的认可。逻辑思维能力强的人往往在学习上有很高的天赋，他们不依赖死记硬背，能融会贯通。

逻辑思维能力和数学能力高度相关。逻辑思维能力是解决实际问题的基础，数学家、工程师和机械设计师凭借强大的逻辑思维能力，设计出了汽车、火箭和飞机。

4. 勇气（courage）

没有胆量，凡事都不敢去尝试，这样畏首畏尾的人什么事情都做不成。人要想有所成就，首先要有胆量，敢于去做一些事情，敢于去冒险。因为只有敢于挑战一些艰难的事情，有胆量做别人不敢做的事情，你才能抓住机遇，完成其他人无法做成的事情。

其次，要有谋略。若只有胆量，没有谋略，则容易成为莽夫。当胆量和谋略兼备，才能深谋远虑。当智慧与勇气融于一身的时候，你就是一个有勇有谋的人，无论你想做什么事，都能做成。这样的人容易出人头地，大有作为。

富有勇气天赋的人一般都具备冒险和进取精神，他们并不是风险厌恶型的人。杰出的人才往往都属于胆大心细的类型。

5. 皮实（staunch）

巴顿将军曾说："衡量一个人成功的标志，不是看他登到顶峰的高度，而是看他跌到低谷的反弹力。"所谓逆商，也叫逆境商，是指在遇到困难、逆境的时候，不畏难，主动解决问题，具备这种特质的人逆商就高。

对个人来说，通俗地讲就是皮实，禁得起折腾，不管是被批评、嘲笑，还是遇到不顺心的事情，都能很快地调整过来，从中吸取经验和教训，找到解决办法。

皮实的人一般都坚强，抗挫折力强，即使在艰苦条件下，他们也具备极佳的忍耐力。

在个人成长过程中，只有经历必要的抗挫折训练，才不会变成"温室里的花朵"。如果人在小时候没经历过挫折，长大后就容易因经受不住环境的打击而自暴自弃。这其实也和性格有关，是一个人的天赋使然。

6. 美感（aesthetic）

美感天赋就是对美的鉴别能力。有的人天生就具有美感，有的人即使从小就接受美的教育，却依然毫无美感。

有这样一道选择题，可以作为推断你是否具有美感天赋的参考：

你觉得对美的鉴赏能力是天生的，还是后天培养的？（　　）

A. 天生的 B. 后天培养的 C. 两者都有 D. 不好说

答案：

A. 你对美的鉴赏能力已经达到巅峰。你对美的鉴赏能力让人佩服，没人比你更懂美了。有些是你的天赋，有些是来自后天的学习和培养。你追求美，生活过得很精致；你喜欢和美有关的人事物在一起，觉得这种感觉很美好。

B. 你对美的鉴赏能力处于一般水平。你对美的鉴赏能力很一般，比较大众化，但不会闹笑话。你很满足，跟随大家的眼光去欣赏，觉得只要不出错，优不优秀并不重要。因此，你在生活中并不起眼。

C. 你对美的鉴赏能力有点低。你不敢在美这件事情上发表自己的观点，你知道自己的能力，不想让自己闹笑话。你在不断地学习对美的鉴赏，不过这需要很长时间，并不是一时半刻就能达到的。

D. 你对美的鉴赏能力为零。你对美完全没有鉴赏能力，很多时候别人觉得好看的东西你都没感觉，你觉得好看的东西别人也嫌弃。你对美的鉴赏能力很难提升，需要不断地接受熏陶。

7. 自律天赋（self-discipline）

在快乐教育环境下，人生的选择会大不相同，例如，很多孩子只有在父母的监护下，才能戒除游戏，一旦离开家庭上了大学，失去父母的监护，马上就会沉溺到游戏中不能自拔。这些都跟一个人的自律天赋高度相关。

从本质上来说，自律就是有自觉性，不用别人提醒、鞭策和监督，你都能有规划地把事情完成。此外，你还会给自己制定目标，然后一路向前，不受外界的干扰，不会被外面的诱惑影响。你能克制住那颗好奇之心、爱玩之心、躁动之心，对外界的一切置若罔闻，只知道关起门来埋头苦干，为理想而努力奋斗。

8. 专注力（be absorbed in）

专注力是指个人在做事情时显示出的一种关注能力。十年磨一剑的境界，可以用来形容一个人做事情的专注程度。

做事专注的人一般都不易分心，他们不容易被环境影响，能够专心学习或做事。

法国生物学家乔治·居维叶曾说："天才，首先是专注力。"专注力是大脑进行感知、记忆、思考等认识活动的基本条件。一旦人无法集中精神，大脑接收信息的渠道就会变得狭窄，甚至堵塞，这样一来，有用的信息就可能无法进入大脑。

9. 外表（feature）

外表是天生的，或者说，只要是你的基因所呈现出的东西，都是天生的。

外表也是一种天赋。人和人之间的外表差异巨大，有些人天生就具备当模特的条件；有些人天生就具备明星的资质。人的外表虽然不一定好看，但只要有自己的特点，就容易被人记住。

此外，还有其他天赋，如表 1-1 所示。

表1-1 其他天赋说明

其他天赋	说明
语言天赋	有的人能够轻松掌握多门外语，有的人连母语都学不好
空间思维天赋	有的人空间思维、方向感特别强，有的人则较弱
乐感天赋	有的人对音律特别敏感，对音乐独具欣赏能力
敏捷天赋	有的人反应速度快，很敏捷；反之，有的人就迟钝一些
敏感天赋	有的人对事物或事情发生的细微变化，都能觉察到
运动天赋	有的人具有运动天赋，比如跳水
共情天赋	有的人懂得换位思考，做事利他，喜欢帮助别人
记忆力天赋	有的人具备超强的空间记忆力、文字记忆力和数字记忆力等

有些天赋跟管理工作相关，可以通过后天的锻炼得到提升，具体如下。

（1）制度性思维。具备这种思维的人更容易设计出合理的制度。

（2）责任心。有责任心的人，办事往往更靠谱，其行为利他，更容易实现共赢。

（3）沟通协调。主要包括沟通协调能力和组织会议的能力。

（4）执行力。指的是把计划落实、推进的能力。

（5）格局。格局大的人一般都不拘小节，他们更关注宏观和长远的目标。

很多人虽然逻辑思维强，但其性格属于风险厌恶型，这类人的创造力并不强。作为管理者，不仅要知道自己的天赋，更要知道员工的天赋。要在天赋上下功夫，不要在没有天赋的领域浪费时间。同时，管理者不要让一个没有相关天赋的员工去从事某个关键岗位。

那么，如何发现员工的天赋呢？我们将在后面的测评中心讲解相关内容。

如何判定"我有没有做管理者的天赋？"。管理者天赋，可以归纳为四个字，即"胆大心细"。不具备这个特点，将很难在管理岗位上有所作为。在这个世界上，我们需要面对两件难事：一件是认清别人；另一件是认清自己。如果你知道自己不是天才，甚至无法成为人才，那么最优策略是什么？

（1）加入一个优秀的团队，或者跟对人，将个人力量变为团队力量。

（2）尽可能地发掘自己的优势，朝自己的优势方向持续努力。

（3）打开格局，放低姿态，将心态放平，做好"螺丝钉"，享受普通人的幸福。

第二章
制度——人才涌现的土壤

只有在好的制度环境下,人才才能不断涌现出来。对人才来说,好的制度就像肥沃的土壤,能够让本就优秀的员工变得更加优秀;如果制度糟糕,即使员工本身很优秀,也会在工作中变得普通。

本章第一节主要讲述制度思维;第二节介绍什么是噪声、如何应对噪声,以及正确的决策流程;第三节主要讲述教练体系和目标管理体系(OKR),以及如何提高领导力;第四节主要讲述问题思维和创新,以及如何利用它们提高团队创新力。

第一节　制度思维

一、制度设计的三原则

在设计制度时，要遵守以下3个原则。

第一个原则，假定每个人都是自私的。在传统观念里，很多人认为"自私"是贬义词。但在这里，不要把它理解成贬义词，这里的"自私"和"自保"都是中性词。

在很早以前，我们就有过关于"人性本善还是人性本恶"的争论，结果我们选择了"人性本善"。其实，只要我们稍微动点脑子，就能发现善恶本来就存在于每个人的基因里，人类天生就有占有欲，天生具有自私的特质，天生会对弱者心生怜悯，天生愿意帮助弱者。因此，在设计制度的时候，不能完全基于人性本善的原则。

第二个原则，假设人是有惰性的。惰性是人的天性，是人与生俱来的，它刻在每个人的基因里。

当然，惰性也不一定就是不好的，比如因为人们懒得去洗衣服，于是就发明了洗衣机。

人们懒得去计算，于是发明了计算机。

人们疲于车马劳顿，于是发明了汽车和飞机。

那么，制定好的制度，人们会不会懒于执行呢？缺少执行的动力，即使制度健全，也只是纸上谈兵。即使某种制度对人们有利，如果缺少监督机制，人们依然不会执行。比如，在公司部署目标管理体系（OKR）的时候，如果没有足够的自上而下的压力以及长期的监督，多半都无法实行。即使把公司的股权分配给每个人，意义也不大，偷懒耍滑的人依然会存在。

我们永远都无法对抗人类的天性，比如惰性就像"将铁质菜刀暴露在空气中会生锈"一样，如果你不天天使用，不定期磨刀，菜刀早晚都会锈蚀。因此，建立制度以后，一定要建立合理的监督体系。

人天生存在惰性，很多管理者都喜欢采用"一刀切"的懒政做法，喜欢进行"屁股决定脑袋"的粗暴干涉，甚至喜欢借用一个权力不自觉地获取更多的权力，因为他们觉得权力可以解决一切问题。然而，真相就像氧气，位置越高，越稀薄。如果管理者的决策建立在错误事实的基础上，那么这些决策多半无法取得好结果，容易事与愿违。

第三个原则，假定人和人之间存在信息差和理解偏差。很多管理者都了解华为公司的运作机制，却不能将它的管理制度直接照搬到自己的公司里。法律法规有上万条，你不可能对每一条都熟悉。即使是完全相同的法律条文，每个人的理解也不一样；即使是法官，面对完全相同的案件，判决结果也可能大相径庭。

要想让大众理解制度条文，可以从以下两点入手。

（1）制度出台后要对员工进行培训。就像我们要从小学习《中华人民共和国道路交通安全法》一样，公司出台了制度后，要及时对员工进行培训，让员工熟悉它并铭记于心。

（2）对制度进行实时更新。虽然制定好了制度，公司也要根据组织现状不断对制度进行调整，不能长期使用一套制度而不更新。随着大家对制度的认知不断提高和组织的不断发展，公司要对已有制度进行迭代和调整。

二、什么是好的制度

制度是企业的盔甲。好的制度既能保护企业平稳运行，还不会过度限制企业中各职权部门的主动性和积极性，从而实现"中层有为、高层无为"的理想管理模式。

好的制度可以借助外在力量的约束和管制，尽可能地形成一套让员工在具体工作中可以参考的标准，继而让企业的常态化工作可以最大限度地摆脱对决策层的依赖，即使在决策者不在的情况下，执行者也能根据自身的职责权限保证工作的正常进行。

若企业有好的制度，不管经历多长时间的磨炼，更换多少任经营决策层，企业始终都能不断发展。因此，要实现企业的快速发展，就不能忽视制度的作用，否则一切都是空谈。

好的制度往往拥有以下特质。

（1）好的制度具有可操作性。制度是企业内部的优秀规则，在好的制度下，管理者能够说清楚制度的内涵，能够告诉员工哪些行为是被允许的、哪些行为是不被允许的。当员工无法理解制度时，管理者要承担解释的义务，告诉员工为什么要制定制度；为什么要遵守制度、遵守制度与团队建设之间的关系；遵守制度与企业效益之间的关系；等等。只有当员工从内心里理解和接受制度，才可能真正实现制度的落地执行，否则制度就是缺乏可操作性的。

（2）好的制度要以人为本。制度的设定主要是为了对人员进行管理，因此在制定制度的时候，一定要以人为本，制度的内容要清楚明白，简要易行。如果对制度的考虑过于复杂，规定得非常细致，即使制定者非常满意，认为很完美，员工也不会买账，甚至对制度嗤之以鼻。不易贯彻执行的制度形同虚设，只有被普遍认同的制度才是行之有效的，所以好的制度是与人匹配的，也是以人为本的。

（3）好的制度符合实际。制度的目的是规范行为，提升效率。既然制度着眼于实际效益，就要符合实际。依靠闭门造车制定出来的制度，根本就不可能被很好地执行。因为想象是一回事，实际情况是另一回事。好的制度往往都建立在充分调查分析的基础上，源于大家的痛点，且可以切实解决工作中的实际问题。

（4）好的制度是共赢的。共赢的制度是全体利益最大化的基础。比如股权激励制度、合伙人制度、个人破产制度。

很多时候，在一套制度出台后，要实施3年、5年、10年甚至50年，才能知道这套制度是否适用。

从长远来看，单赢的制度，大多是输的结局。比如，有人提议将女性员工的产假设定为1年，但这样就能提高她们的福利吗？如果1年不够，那么放3年行不行呢？俄罗斯女性员工的产假就是3年，最长的可以达到4年，但直接导致企业都不敢招聘女性员工。假如某公司有3名财务人员，包括会计和出纳，如果其中有1个人怀孕了，公司就要再招聘1名财务人员进行补充，这时财务部变成了4个人。如果2名财务人员同时怀孕，就需要5名财务的人员编制，这样才能满足现在的工作需要。5个人干3个人的活儿，工资照发，一分不能少，这时公司老板就只能减少对育龄女性的招聘数量了。

可见，产假放得越长，育龄女性的就业就越困难，反而会降低女性员工的福利。

（5）好的制度应当是易推行的。很多制度在制定好后就成了摆设，要么是因为受到员工的抵触，要么是因为执行成本太高，还有可能是因为执行时偏离了初衷，从而导致制度无法执行下去。制度的制定过程是科学的，也是非常严肃、深奥的，就像如果没学过物理就不知道能量守恒定律一样，如果一个人没有系统地学习过制度设计理论，其设计出的制度就会遇到很大的阻力，无法取得理想的效果，容易使结果事与愿违。

（6）好的制度是平衡的。举个例子，假设没有草原，狼会怎样？牛和羊会生活得更好吗？

在小说《狼图腾》中，毕利格老人是这样回答的："不对！黄羊是草原的大害，跑得快，食量大，你瞅瞅它们吃了多少好草。一队人畜辛辛苦苦省下来的这片好草场，这才几天，就快让它们祸害一小半了。要是再来几大群黄羊，草就光了。今年的雪大，闹不好就要来大白灾。这片备灾草场保不住，人畜就惨了。得亏有狼群，不几天准保把黄羊全杀光或赶跑。草原也有生命，是大命，所有其他的，都是依靠大命来生存的。"

小说《狼图腾》打破了很多人对狼的偏见。从小我们接受的教育是"狼是邪恶的，会吃人"，但以上这段文字告诉我们，如果狼群灭绝了，黄羊就没了天敌，它们会不断地繁殖，草场就会遭到破坏，继而破坏生态平衡。因为狼是以肉食为主的杂食动物，在草原上，狼除了吃鹿、黄羊外，还会大量地捕食鼠、旱獭等严重破坏草原的动物。因此，狼的存在有效地保护了草原，从生态学的角度看，狼是大草原的保护者。

（7）好的制度应该是多样的。世界因为它的多样性而美丽，所以好的制度都具备多样性。

如果习惯了"一刀切"和简单粗暴的管理模式,组织就会变得荒漠化。差异化的管理制度有利于创新,其最典型的应用就是阿米巴组织。每个阿米巴小组都具备相当大的制度灵活性,利润分配制度可以由团队自己制定、由公司审核。

(8)好的制度应该奖惩合理。如果制度中没有设计奖惩机制,那么它就只是一张纸,永远只能停留在纸面上,无法落地。

有的人属于风险厌恶型,有的人属于冒险偏好型,中国人普遍属于风险厌恶型,所以公司只要把握好这个特点,就可以起到很好的管理效果。

在设计激励体系的时候,要将长期激励和短期激励结合起来。长期激励是以年为单位的,例如年底的分红机制、期权和股权激励机制。短期激励是以月为单位的,例如绩效工资、奖金、小奖励等。"追责制度+末位淘汰"制度也是必要的奖惩手段。

此外,重大决策需要有会议决策机制;遇到重大损失,可以让团队共同承担责任,从而避免相互推卸责任。

(9)好的制度是适应现阶段的。制度设计既不能落后,也不能太超前,而且公司还要不断地对制度进行维护和更新。制度设计要适应不同的阶段,要不断进行变革。那么,现实中的制度为什么没有随着时代的变化而变化呢?在公司层面,成功的企业往往都有好的制度,华为公司的成功也是其制度的成功。字节跳动创始人张一鸣能够像打造产品一样地去打造公司，就是因为公司有完善的 OKR、工作评价等制度及扁平化的管理风格。所以，当老一代制度设计师离任后，如果没有好的制度设计师接任，一旦环境发生重大变化，组织就会因无法适应新环境而出现倒退和倾覆等情况。

三、股权激励制度

股权激励制度是企业为了激励、留住和吸引核心人才而施行的一种长期激励机制。如果条件允许，企业可以给予激励对象一部分或全部的股东权益，使其与企业结成利益共同体，以实现企业的长期发展目标。

股权激励制度，对人才涌现的效果到底有多大？

首先，顶级人才通常不可能仅仅为了涨工资而跟公司对着干。他们要么是为了理想，要么是为了等财务自由后去实现理想。因为在没有股权激励制度的情况下，仅凭工资收入是很难实现财务自由的。

其次，对非顶级人才来说，股权激励只能算是锦上添花，并不能从根本上改变其属性，所以他们往往更在乎分红（中期利益），而不是股权（远期利益）。

最后，对熟练工和非人才这些群体来说，他们更关心的是奖金（短期利益）。

股权激励制度的优势有 5 点，具体如下。

（1）可以留住、吸引和激励人才。

（2）可以将老板和员工的利益绑定在一起，有效整合上下游资源，共担风险，共享收益，共同发展。

（3）可以解决股东和高管之间的委托代理关系所带来的潜在问题。

（4）让公司的发展目标成为员工的个人发展目标，从而推动企业的全速发展。

（5）对处于创业期的公司来说，前期现金流压力较大，通过股权激励制度给予员工未来收益的预期，可以减少现金流的支出。

1.股权激励方案

在实践中，股权激励的方案有以下3种。

（1）股票期权。股票期权是一种选择权，是允许激励对象在未来条件成熟时购买本公司一定数量的股票的权利。公司事先授予激励对象的是股票期权，并设定激励对象购买本公司股票的条件(通常称为行权条件)，只有当满足行权条件时，激励对象才有权利购买本公司股票(行权)，才能把期权变为实在的股权。行权条件一般包括3个方面：①公司方面。如公司要达到预定的业绩。②等待期方面。授予期权后需要等待的时间（等待期一般为2~3年）。③激励对象自身方面。如通过考核并且没有违法违规事件等。待行权条件成熟后，激励对象有选择行权或不行权的自由。

（2）限制性股票。限制性股票（restricted stock）是指公司预先设定自己要达到的业绩目标，完成业绩目标后，公司将一定数量的本公司股票无偿赠与或低价售与激励对象。激励对象不能任意抛售这部分股票，若想要抛售，要受到一定条件的限制：一是禁售期的限制。在禁售期内激励对象不能抛售获授的股票。二是解锁条件和解锁期的限制。在达到既定业绩目标后，激励对象的股票可以解锁，即可以上市交易。

解锁一般是分期进行的，可以是匀速的，也可以是变速的。

（3）虚拟股票。虚拟股票（phantom stocks）是指公司授予激励对象一种"虚拟"的股票，激励对象可以据此享受一定数量的分红和股价升值收益。在公司实现业务增长和盈利后，激励对象可以据此享受一定数量的分红，在激励对象离开公司时，按照协议规定由公司将这部分股票回购。比如，华为公司的内部股票就是一种虚拟受限股票。

对创业团队来讲，虚拟受限股票是一种安全快捷的股权激励方案。

2. 期权案例

期权案例分析如表 2-1 所示。

表2-1 期权案例分析

1	Bilibili	2014年计划预留19880315股，占上市时已发行股份的6.95%； 2018年计划预留已发行股份的2.5%	其中已授予高管的比例约为2014年计划已授予数的43%
2	NIO	2015年计划预留46264378股； 2016年计划预留18000000股； 2017年计划预留33000000股，占上市时已发行股份的6%左右	其中授予高管的比例约为已授予数的50%
3	理想汽车	2019年计划预留141083452股，已发行24.8%； 2022年计划预留30000000股，占上市时已发行股份的8.14%左右	其中授予高管的比例约为已授予数的47.2%

续表

4	拼多多	2015年计划预留581972860股；2018年计划预留363130400股，占美股上市时已发行股份的21.33%左右	其中已授予高管的比例约为已授予数的51.4%
5	高途教育	2019年计划预留28400000股，占美股上市时已发行股份的18%左右	其中已授予高管的比例约为已授予数的54.7%

3. 股权激励的纳税节点

股权激励的纳税节点，如图2-1所示。

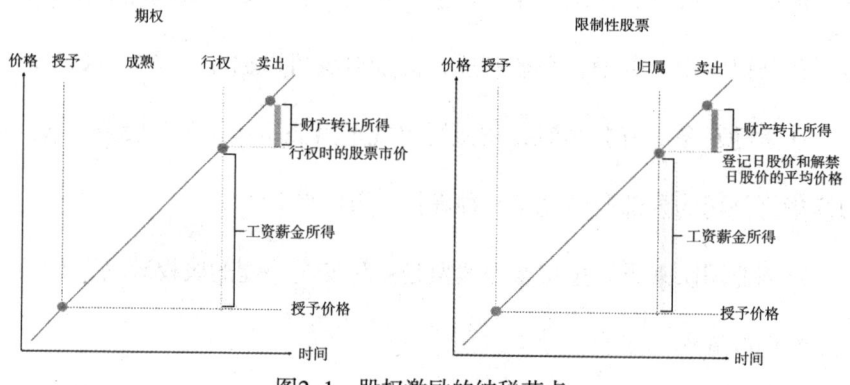

图2-1 股权激励的纳税节点

（1）对员工进行期权激励，通常要经历4个步骤，即授予、成熟、行权和卖出。

第一步，授予。公司根据期权计划与员工签署期权授予协议，约定员工取得期权的基本条件，包括授予日期、授予数量、行权价格、行权条件、特殊情形的期权处理等。

第二步，成熟。员工满足期权授予协议中约定的条件，如服务期限或工作业绩指标。成熟条件中的服务期限通常约定为4年，至于该4年内逐年/逐月的具体的成熟规划，要结合企业的实际情况和管理思路提出具体建议。

第三步，行权。员工按照期权授予协议的约定，向企业支付行权价款以购买相应数量的公司股份，完成从期权变成股份的跨越。

第四步，卖出。员工在取得股票后，可通过在公开交易市场出售，也可通过参与分配公司被并购的价款，还可通过分配公司红利的方式，参与分享公司的成长收益。

（2）限制性股票激励，通常要经过3个步骤。

第一步，授予。公司根据期权计划与员工签署限制性股票授予协议，约定员工取得期权的基本条件，包括授予日期、授予数量、行权价格、行权条件、特殊情形的期权处理等。

第二步，归属。公司按照预先确定的条件授予激励对象一定数量的本公司股票，激励对象只有在工作年限或业绩目标等方面符合股权激励计划规定条件的情况下才可出售限制性股票并从中获益。

第三步，卖出。员工取得限制性股票后，可通过在公开交易市场出售，也可通过参与分配公司被并购的价款，还可通过分配公司红利的方式，参与分享公司的成长收益。

4. 公司股权架构设计

在图2-2中，公司股权架构有3层，具体内容如下。

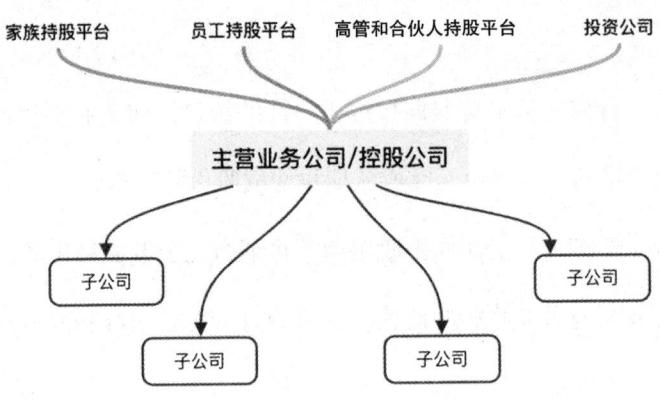

图2-2　公司股权架构设计图

第一层,家族持股平台+员工持股平台+高管和合伙人持股平台+投资公司。在合伙企业中,普通合伙人一般是管理投资者的资金的人,也可以是自己投资、自己管理。有限合伙人是指出钱投资的人,一般不参与管理。

第二层,主营业务公司或控股公司。主营业务公司是未来的上市主体。

第三层,子公司,这一层是风险层。子公司可以通过主营业务公司控股,但它可以把利润中的大部分给团队(50%~60%);这种架构就是店长合伙人模式,与之类似的还有阿米巴组织。要想让成员不背叛公司,就要让团队有成长空间(持续获利)。

概括起来,这种公司架构有以下4个优点。

(1)扩展灵活,增值扩股方便。不管是有新的合伙人加入,还是有新的投资公司进入，股权变更都非常方便。

（2）退出灵活。持股平台由持股代表代持股，一旦有高管退出持股平台，并不需要去工商部门做股权实际变更，只需变更持股协议中持股平台的比例即可。

（3）可以减少和避免股权纠纷。一旦发生任何合伙人的退出，只要领取退出补偿金就可以了。在持股平台的协议范本里，可以约定补偿办法（按照约定的金额回购），例如以1元一股退出。

（4）安全。子公司不会影响主营业务公司，同样，主营业务公司也不会影响家族持股平台。

四、知识库

知识库是人才培养体系中不可或缺的一部分。

为什么在企业里相同的错误总是不断发生，如何才能避免重复犯错？

公司会反复掉进同一个坑里，这种情形可以称作群体记忆丢失或群体失忆症。要想解决这个问题，就要建立一个知识库系统。

知识库是企业中形成结构化、易操作、易利用、易储存、可传承的知识集群，这些知识不仅包括企业宏观的发展规划、企业文化等，也包括微观的各部门的知识内容，比如培训资料、学习资料、客户资料、市场资料等。同时，还包括与行业领域相关的理论知识、事实数据、市场动态新闻等内容。

建立知识库,企业就能有效储存一些"隐性"的重要知识内容。比如,将管理层的培训讲话制作成视频并存储,让企业中显性的知识更易形成结构、体系,便于随时调用或再次利用,体现知识的延续性,可随时进行知识的更新和完善,让企业因此拥有庞大的知识内容。

1. 企业知识库的重要作用

通过建立知识库,企业可以积累、保存信息和知识资产,为企业内部信息和知识的传播提供平台,这样不仅可以实现企业内知识的共享,还能使企业知识得到很好的沉淀。其作用主要表现在以下4个方面。

(1)为信息和知识结构化提供标准的建立条件。

建立企业知识库,对企业的信息和知识进行全面、规模化的收集和整理,按照一定的方法和标准进行分类保存,并提供相应的标签及检索手段,这样可以使隐含的知识被编码化和数字化,结构化的信息和知识也会变得有序化,不仅使信息和知识的查找更为方便,还可以为今后企业对知识的有效使用打下基础,进而在使用过程中不断更新和完善企业的信息和知识。

(2)为企业内部知识和信息的传播提供平台。

通过结构化的知识和信息,使用者能够更快地寻找和利用知识内容,加快企业知识的更新和完善。另外,通过企业内部网上行业动态、新闻咨询等栏目，可以将行业信息快速传播到互联网，使企业内外发生的事迅速传遍整个业界，通过传播让信息和知识得到很好的应用。

（3）有利于实现企业对知识的更好利用。

随着培训资料的不断更新、完善，最突出、最好的资料被使用的次数就会越来越多，这样不仅能让知识得到有效利用，还可以更好地把知识进行升华；不仅可以让培训者一直都使用最好的培训材料，还可以帮助企业有效了解员工的业绩及工作轨迹。

（4）为企业知识提供有效管理。

企业各部门的信息管理，尤其是销售部门及服务部门的信息管理，是一项非常复杂的工作。老员工拥有丰富的工作经验及个人感悟，而一旦发生转岗或工作调动等情况，这些信息和知识就会受到损失。因此，企业知识库的一个重要功能就是将有价值的信息和知识进行有效保存，方便新业务人员随时使用，并迅速提升其个人知识储备量。

2. 企业知识库建设

企业知识管理是创造价值的过程，即企业如何将员工应用到知识体系中来实现价值。那么，如何才能建立一个符合企业标准及长远战略的知识库呢？通常要经历以下5个步骤。

第1步，确定核心知识。事实上，并不是所有知识都需要管理，衡量知识是否需要管理，要依据部门职责和岗位分析进行有效的评估。

在时间和资源有限的情况下，企业在知识库建设的初期必须明确要管理的知识内容、类型及其价值在何处，建设者才不会眉毛胡子一把抓，才能更好地管理核心知识和外围知识。

第2步，控制知识产出，确定知识的来源和动力。不要出现"我让你共享知识，但不告诉你共享什么。为什么不告诉你呢，因为我也不知道"的情况。

人是知识的载体，也是知识产生、组织、利用、创新的源泉。所以在知识库的建设中，必须明晰知识的来源：谁应该产生何种知识，他为什么要产生，产生的知识谁会去"消费"？如果不结合组织内的每个岗位、流程与需求去分析，就很难要求知识共享，即使产出了"知识"，也无法保证一定能体现知识的价值。

之所以会出现这种情况，主要是因为没有对知识的产出进行分析，导致"知识分享"的要求不能够执行；另外就是员工不知道为什么要共享知识。

第3步，知识内容组织。要站在使用者的角度建立知识库结构，而不是站在管理者的角度。

知识分类的核心是分类维度的确定和具体维度下的细分，要从员工而不是知识管理人员的角度去分类，研究员工是如何发现内容的。知识权限的设定需要建立相应的权限模型，其中大部分是默认权限，默认之外的内容涉及相应流程。

第4步，知识利用。知识利用就是为了完成哪项工作、需要用到哪些知识、这些知识该如何表达和传递等。

知识本身没有价值，只有被利用的知识才能发挥作用。没有人用的知识库存在的主要问题是"我们知道所有问题的答案，就是不知道问题是什么"。要想建立知识与具体业务的关联，打破知识与业务"两张皮"的问题是关键。

而要解决这个问题，就要在做知识产出分析的同时做好知识的利用分析，比如，谁是知识的使用者，他们会在什么场景下使用这些知识。

第5步，知识创新应用。通过场景来解决员工"我不知道自己不知道"的问题。

知识库里面的内容越来越多，但大多数知识的内容是零散的、片段的、基于经验和项目而产生的。这些内容与员工的使用方式和应用场景尚存在距离，知识的创新应用只有从员工的使用场景出发，根据员工的岗位层级、应用场景来重新组织内容。比如，新员工和做新项目的员工存在的问题是"不知道自己不知道"，如果只是被动地等待员工查询，可能根本没有人使用知识库，这时就可以用"知识图谱"的方式来解决。

3. 知识库记录和分享工具——语雀

语雀是支付宝团队开发的一个知识库系统，里面有丰富的编辑、权限设置、分享等功能，如图2-3所示。

语雀是阿里巴巴旗下的在线文档编辑与协同工具。

语雀使用了"结构化知识库管理"，其在形式上类似书籍的目录。

语雀上的每一篇文档必须属于某一个知识库，通过这样的产品设计，可以从源头上帮助员工建立起知识管理的意识，培养良好的知识管理习惯。

语雀的使用场景有以下3大类。

（1）个人用户。新建知识库，即可开始个人创作和知识管理。比如，你可以利用它编写自己的个人博客——思行小馆；可以建一个私密仓库，用来存放个人笔记；可以用它来收集和整理资料，以构建自己的知识库。

（2）小型组织。适用于一些小团队、社团、社会组织、学习小组。在语雀上新建一个团队，即可一群人一起创作知识库。比如，编写团队博客；集体写书、翻译书籍；分工编写文档；制作帮助手册、产品说明、API手册；收集整理感兴趣的知识；在团队内异步交流。

（3）企业用户。适用于正规运营的企业和组织机构。只要在语雀上开通空间，就可以开始构建专属知识库，沉淀企业知识资产。比如，项目文档编写；团队事务管理、知识沉淀；企业规章制度、流程；产品说明书；人事管理的流程。

第二章 制度——人才涌现的土壤

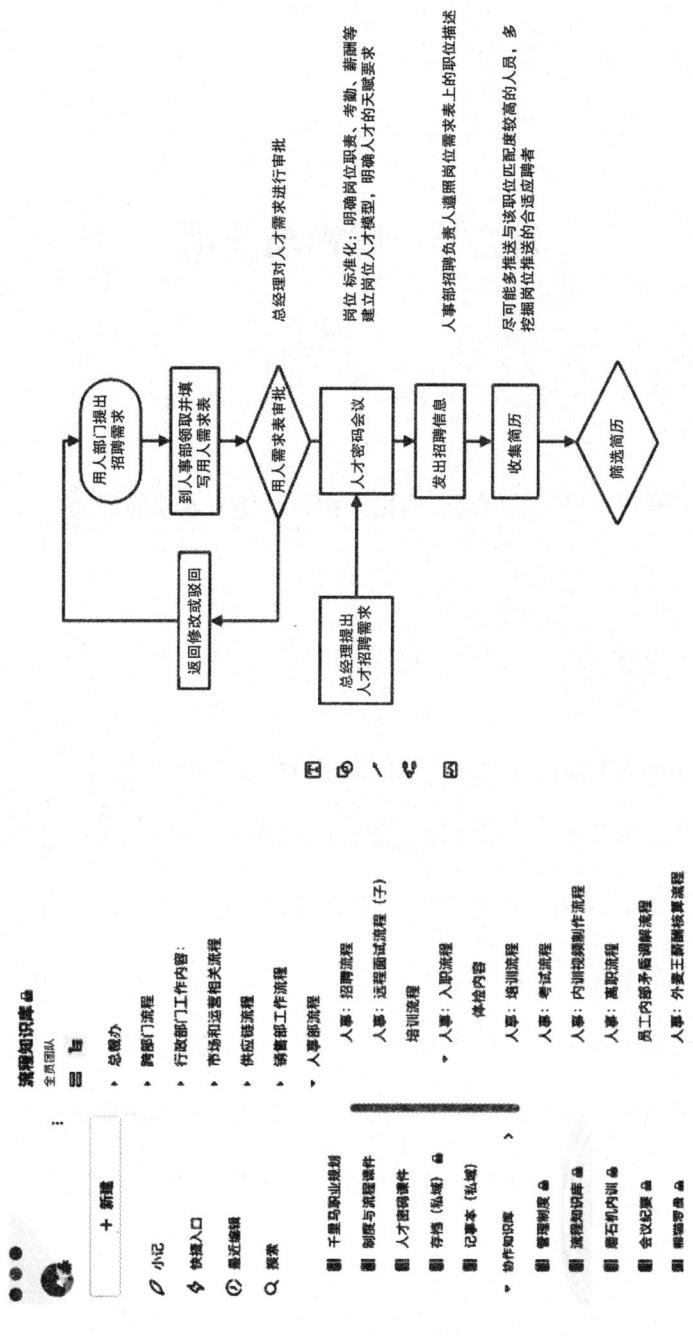

图2-3 知识库记录和分享工具——语雀

第二节 噪声与决策

掌握了噪声与决策的原理,有助于把自己作为人才涌现。

一、噪声

在正式讲述本节内容之前,我们先来看以下几个问题。

(1)假如你是老板,你在公司有自己的亲信,有一天亲信告诉你,采购员贪污,但目前还没有拿到特别有力的证据,你是否相信亲信所说的话?你该怎么处理,会更换采购员吗?

(2)假如你是员工,你想做一个决策,却不想承担责任,但是你又不想事事都问领导,否则会显得你毫无担当,如何让这个决策达到周全?

(3)什么是噪声?什么又是真相呢?当各种信息扑面而来时,我们该如何区别噪声和真相?

这是一个信息爆炸的世界,管理者获取到的信息是从四面八方喷涌而来的，没有良好的判断能力，很容易出现决策失误。记住：哪里有判断，哪里就有噪声！

噪声无处不在，它比你想象的要多很多！

在医学诊断中存在噪声，同样的影像资料，不同的医生，会给出不同的意见。

在股市行情预测中存在噪声，面对同样的股市，有的人坚定看涨，有的人悲观看跌。

企业在人事决策过程中存在噪声，有的面试官同意录用，有的面试官拒绝录用。

在专利授权决策中存在噪声，同样的专利，有的审查员会允许通过，有的审查员会拒绝……

1. 日常生活中的噪声

在日常生活中，主要存在哪些决策噪声呢？

（1）常识和传统

常识和传统不一定都正确，却会对我们造成巨大影响。

例如，中国传统文化讲究鞠躬尽瘁死而后已，现代管理理念则讲究教练体系。

中国传统理念认为教会徒弟饿死师傅，现在的教练体系更加注重共赢和员工成长。

很多家长认为学好数理化，走遍天下都不怕，现代教育理念则侧重于发现孩子的天赋和兴趣。

《噪声》一书的作者丹尼尔·卡尼曼发现人和人之间的决策差异非常大，这一研究和发现让他获得了诺贝尔经济学奖。

（2）家庭的噪声

越是亲近的人，越容易对我们造成决策干扰。

在一些影视剧里，皇帝会派出钦差大臣并委以重任，而钦差大臣常常和皇帝有血缘关系。

你的枕边人和你的父母，对你的决策的影响非常大。即使你知道他们是错的，有时也会尊重他们的意见，有时甚至不得不为家人做出让步和妥协。比如你想创业，但你的父母想让你报考公务员。

生活中，能够一直坚持自己理想的人很少，而屈服于父母意志的人则非常多。

（3）社会氛围的噪声

信息时代，来自社会氛围的噪声无处不在，导致我们被噪声淹没。

现在信息泛滥，各种信息扑面而来，网上充斥着各种观点以及网络暴力。群体中的乌合之众很容易附和一些不正确的观点。因此个人很容易被噪声所影响，失去独立思考的能力。

下面的文字是从《乌合之众》一书里摘录的。

"孤立的个人很清楚，在孤身一人时，他不能焚烧宫殿或者洗劫商店，即使受到这样做的诱惑，他也很容易抵制这种诱惑。但是在成为群体的一员时，他就会意识到人数赋予他的力量，这足以让他生出杀人越货的念头，并且会立刻屈服于这种诱惑。"

"群体只会干两件事，锦上添花或者落井下石。"

"大众没有辨别能力，所以他们无法判断事情的真伪，许多经不起推敲的观点，都能轻而易举地得到普遍的赞同！"

"人一旦成为群体的一员，他的所作所为就不会再承担责任，这时每个人都会暴露出自己不受约束的一面。"

"群体追求和相信的从来不是什么真相和理性，而是盲从、残忍、偏执和狂热，他们只知道简单而极端的情感。"

"人一到群体中，智商就降为零，为了获得认同，个体愿意抛弃是非，用智商去换取那份让人倍感安全的归属感。"

个人崇拜的噪声会深刻影响经济和生活，此外还有颜值噪声（颜值正义）、广告噪声（广告洗脑）、经验噪声等。

2. 如何减少噪声对决策的影响

噪声无处不在，它深刻影响着我们的决策。那么，我们应该如何减少噪声对决策的影响呢？

一是尊重事实。眼见的都不一定是真的，更别说只是听说了。

二是兼听则明。即使是反方的观点，也要认真理解，换位思考。

三是深度思考。努力去做深度思考，思考背后的制度和流程问题，尊重人性。

四是亲近智者。要多跟聪明人接触，正确面对"亲信"。

五是智慧量化。要量化决策标准，例如面试的量化标准。

下面回到我们最开始的问题。

假如你是老板，你在公司有自己的亲信，有一天亲信告诉你，采购员贪污，但目前还没有拿到特别有利的证据，你是否听信亲信所说的话？你该怎么处理，会更换采购员吗？

首先，要尊重事实。眼见的都不一定是真的，更别说只是听说了。不管是谁说的，只要没有证据，都不能相信。同理，千万不要鼓励组织内部的告密行为，因为告密这个行为本身就是不对的。

其次，要从制度和流程上解决问题。如果不能从制度和流程上杜绝采购员贪污，那就是管理者的能力问题了。

二、决策

决策分为可逆决策和不可逆决策两种。其中，对待所有的不可逆决策都要格外慎重。

消除噪声的最有效的办法，就是会议决策。群体可以通过会议决策制度来减少噪声产生的影响，个人可以通过会议决策的办法来降低风险，减小责任。

1.会议决策的原则

高效的会议不仅能起到统一思想的作用，在协同上也发挥着积极的作用。在项目推进的过程中，涉及一些重要的决策点，比如项目定位、方案评审和产品定价等，这些重要决策点的决策质量与决策效率直接关系到项目整体运营效果的好坏和运营效率的高低。那么，如何才能开好会呢？

（1）参加会议的决策者应不低于5人。

（2）会议决策代表了当时团队的最高水平，即使决策是错误的，由此带来的损失也要由团队或公司来承担。

（3）会议组织者应该保证每个与会人员都能够畅所欲言，要努力营造坦诚的会议氛围。

（4）对于会议决策，应该做会议记录，记录所有参会人员的意见和汇总结论，记录人可由HR兼任。

（5）会议决策的参会人员中如有其他部门的人员，应该邀请该部门的负责人参与，以减少决策偏差。

（6）为了不掉进坑里，会议决策要以牺牲效率为代价。

（7）既然要通过会议决策，就不用将所有问题都上升到由总裁来决策了。

（8）以笔者个人经验来讲，会议决策的能力是可以通过锻炼来提高的。

（9）会议应遵循头脑风暴会议法则（产品、创意、业务拓展类）或罗伯特议事法则（重大决策类），HR可起到监督作用。

2. 会议决策的流程

如果想在会议上对某事形成决策，就要关注会议的主要流程，具体如下。

（1）会议准备，包括时间、地点、议题、与会人员。

备注：除紧急会议外，应该至少提前1天将会议主题发给与会人员，给大家留有思考时间。

（2）会议发起人发起现场会议或网络会议。

（3）邀请HR旁听和做记录。

（4）提出会议讨论主题。

（5）保证现场每个人都有发言机会。

（6）会议发起人汇总并生成会议结论，询问与会人员的意见。

（7）全票通过的直接执行，在会议上无法达成一致意见的，上报给上级部门请示。

（8）HR做好会议记录，重要会议应该做会议录像。

3. 头脑风暴法应遵守的原则

头脑风暴就是由小组人员在正常融洽和不受任何限制的气氛中以会议形式进行讨论、座谈，打破常规，积极思考，畅所欲言，充分发表看法。会议中的主持人需要使用一种十分明确的方式，向所有的参与者阐明会议主题和说明本次会议的规则，并尽力营造出一种融洽轻松的会议气氛。最重要的是，在整个过程中不允许否定对方，对方案的评判必须放到会议的最后阶段。

（1）庭外判决原则（延迟评判原则）。将对各种意见、方案的评判放到最后阶段,此前不能对别人的意见提出批评和评价。要认真对待任何一种设想,不管其是否适当和可行。

(2)自由畅想原则。鼓励与会者各抒己见,自由开放,创造一种自由、活跃的气氛,激发与会者提出各种荒诞的想法,使他们思想放松。这是智力激励法的关键。

(3)以量求质原则。意见越多,产生好意见的可能性就越大。追求数量是获得高质量创造性设想的条件。

(4)综合改善原则。探索取长补短和改进办法。除提出自己的意见外,鼓励参加者对他人已经提出的设想进行补充、改进和综合,强调相互启发、相互补充和相互完善。这是智力激励法能否成功的标准。

(5)突出求异创新。这是智力激励法的宗旨。要鼓励人们积极创新,大胆求异。

(6)限时限人原则。在召开会议之前,要明确时间和参会人数。对个人发言也要有一定的时间限制,避免人们信口开河。

4. 罗伯特议事规则的基本原则

罗伯特议事规则是当今最重要的议事规则之一,被广泛地运用在企业组织的议事活动中,其基本原则可简单概述为以下12点。

(1)动议中心原则。动议是开会议事的基本单元。"动议者,行动的提议也。"会议讨论的内容应当是一系列明确的动议,即必须是具体的、明确的、可操作的行动建议。遵循先动议后讨论,无动议不讨论的原则。

（2）主持中立原则。会议主持人的基本职责是遵照规则来裁判并执行程序，尽可能不发表自己的意见，也不能对别人的发言表示倾向。主持人若要发言，必须先授权他人临时代行主持之责，直到当前动议表决结束。

（3）机会均等原则。任何人在发言之前须示意主持人，得到其允许后方可发言。先举手者优先，但尚未对当前动议发过言者，优先于已发过言者。同时，主持人应尽量让意见相反的双方轮流得到发言机会，以保持平衡。

（4）立场明确原则。发言人应首先表明对当前待决动议的立场是赞成还是反对，然后说明理由。

（5）发言完整原则。不能打断别人的发言，等别人说完了，你再说。

（6）面对主持原则。发言时要面对主持人，参会者之间不能直接辩论。

（7）限时限次原则。对每人每次发言的时间进行限制，比如约定每人的发言时长不得超过2分钟；对每人就同一动议的发言次数也有限制，比如约定每人就同一议题的发言次数不得超过2次。

（8）一时一件原则。发言不能偏离当前待决的问题。只有在一个动议处理完毕后，才能引入或讨论另外一个动议。一旦出现跑题，主持人就要立刻制止。

（9）遵守裁判原则。主持人应制止违反议事规则的行为。做出这类行为者应立即接受主持人的裁判。

（10）文明表达原则。议事过程中不得进行人身攻击，不得质疑他人的动机、习惯或偏好，辩论应就事论事，以当前待决问题为限。

（11）充分辩论原则。表决须在讨论充分展开之后，方可进行。

（12）多数裁决原则。在多数表决通过的情况下，动议的通过要求"赞成方"的票数严格多于"反对方"的票数（平局即没通过）。弃权者不计入有效票。

按其需要，议事程序的规定可以或繁或简，但议事规则的基本精神却是非常简约清晰的，大致来说有五项：权利公正、充分讨论、一时一件、一事一议、多数裁决。

第三节 教练体系和目标管理

在劳资矛盾日益凸显的今天，原有的劳资关系引发了越来越多的纠纷和劳动争议。企业领导如果不能转变思想，就会面对更多的人才流失、劳动纠纷等问题，最终的结果就是：优秀员工留不住，能力差的员工赶不走。

一、同质化竞争

所谓同质化竞争，就是同一系列的不同品牌的产品在外观设计、理化性能、使用价值、包装与服务、营销手段等方面相互模仿，导致产品的技术含量、使用价值逐渐趋同的现象。简单来说，就是两种事物逐渐变得一样的过程。该过程的主要表现形式有两种，即融合和替代。

同质化竞争往往出现在亲戚、朋友和师徒之间。中国有俗话"带会徒弟，饿死师傅""带一个徒弟就是培养一个竞争对手"，很多徒弟被培养出来后就用价格战打师傅,所以古代很多师傅在培训徒弟的时候总会有所保留,导致很多优秀的经验和技术失传了。

这种"徒弟出来打师傅,还是在同一个地区打"的现象,就是一种同质化竞争。而且,这种竞争没什么创新,通常就是打价格战。

同质化竞争的结果是"多输局面",具体如下。

师傅输了:教会徒弟,饿死师傅。

徒弟输了:进入无休止的价格战,最终还会将前期赚的钱赔进去。

客户输了:虽然低价,但是买到的是劣质产品。

文明输了:很多知识和技术会出现断档。

员工输了:价格战下的企业利润微薄,员工的工资越来越低。

企业发展到今天,这种困境格局还会继续,也绝不会停止,我们能做的就是面对困难,做好自己。那么,企业该如何应对同质化竞争呢?

(1)以更低的价格提供相同的价值。对消费者来说,同质化产品之间的差别一般都不太大,要想让消费者选中自己,可以从价格上入手,降低成本,让利给消费者,积累口碑和知名度。

(2)以更低的价格提供不同的价值。比如可以与其他品牌联名,提高消费者的关注度和购买欲,给消费者营造一种"仅此一家"的感觉,以此来提升销量。

(3)以更高的价格提供不同的价值。如今,许多高奢品牌本身的价值差异并不大,其代表的身份地位和背后的创业故事才是消费者所追捧的。

所以，在竞争过程中，企业可以打造一些故事标签、艺术情怀等。

二、教练体系

随着环境变化的加快、竞争压力的加大、客户个性化要求的提高，传统的管理方法在很多管理领域已经越来越不适用，越来越难以有效地实现经营目标。企业可以借用体育教练的概念建立企业教练体系，改变员工的工作态度，切实提高企业生产力。

1. 搭建教练体系的原因

新时代企业和员工的关系，就是教练体系。

（1）企业和员工应该是相互成就的关系。在新时代，新型企业和员工的关系不应该是剥削和被剥削的关系，更不应该是对立关系，而应该是相互成就的关系，就像球队和球员的关系一样。企业可以给员工足够大的发展空间，从而避免"带会徒弟，饿死师傅""带一个徒弟就是培养一个竞争对手"等情况的出现。

（2）企业也有寿命。百年企业并不多，一旦方向错误，企业可能出现经营危机甚至倒闭。所以，作为员工应该积极参与公司的事务，多学习新的技能，把自己变成优秀人才，即使公司经营不下去，自己也能随时找到好工作。

（3）企业不是家，而是工作的地方，应该把工作和生活分开。平衡好家庭和工作二者之间的关系,不能因为忙于工作而忽视了家庭。

如果员工在企业里每天超负荷工作,比如一个月只能休息一两天,工资按年发,那员工多半都会选择尽早离开。

2. 教练型企业:让员工自发地为目标工作

教练型企业推崇"以人为本",强调对人不对事。根据马斯洛需求层次理论,以人为本的教练型企业不仅可以满足员工对物质和安全的需求,还能让员工把企业当作家,获得关爱、尊重和自我实现,让企业与员工共同实现梦想。

教练型企业,以员工成长为首要目标,注重影响员工行为和结果的信念与心态的管理,担负着为社会培养人才的责任。每一个教练型企业都是一所学校,让员工心甘情愿、自动自发、全力以赴并充满创造力。

教练体系是一套激励与授权的管理工具,其重点是针对人的心态,通过呈现行为模式,加上一套完整的激励与挑战体系,改变员工对自我的认知以及对待工作和生活的态度。教练体系能激发员工潜能,统一目标愿景,最大限度地调动员工积极性,凝聚员工的归属感和荣誉感;让员工自动自发地以负责、积极的心态去工作,为企业开发人力资源。

3. 如何搭建公司的教练体系

(1)公司要建立人才测评体系,选择适合的人进行培养,不是人人都是培养对象。那么,究竟什么人可以培养,什么人不能培养?如何通过面相识别人才,如何对人才进行测评?具体内容我们会在下一节详细地讲。

（2）企业要建立自己的知识库系统。自主的知识库系统是企业培训的基础，只有建立了自己的知识库系统，企业的文化才能得以传承，企业的经验才能形成记忆。网络上有很多知识库系统，比如阿里巴巴的语雀就是一个知识库系统。

（3）企业要建立人才培养体系，要明确人才培养机制、培训流程。这项工作可以由制度和流程管理员来负责。

（4）最重要的是要有教练，可以由团队负责人担任教练的角色，带领团队向目标前进。制度和流程管理员可以担任辅导工作。

三、OKR目标管理

团队需要有团队目标，个人需要有个人目标，教练体系需要有OKR目标管理进行配合。

举几个例子。谷歌认为，想用OKR体系，就必须让每个人都清楚背后的道理并全情投入。

Google主要通过周报、1on1沟通（"醒醒吧"谈话）和团队例会的方式持续性地跟进OKR的完成情况。

英特尔认为，坦诚沟通的文化氛围、长期主义的落地认知是构建成熟的OKR体系的基础，管理者与下属一对一地每周聊90分钟就OK，能助力目标达成。

字节跳动认为，十万人规模的组织如同用OKR高速奔跑。OKR越来越成为字节跳动的一部分，成为保证组织敏捷和目标感的力量。

那么，究竟什么是OKR目标管理呢？下面我们就来讲讲OKR目标管理，如图2-4所示。

实施OKR目标管理，企业需要想清楚下面几个问题。

使命：我们为什么而存在？时间跨度为50~100年。

愿景：未来的蓝图，时间跨度为10~20年。

战略：重点和优先处理的事项，时间跨度为5~10年。

目标：近期聚焦完成的事项，时间跨度为6个月~1年。

关键结果：近期如何行动，时间跨度为1~3个月。

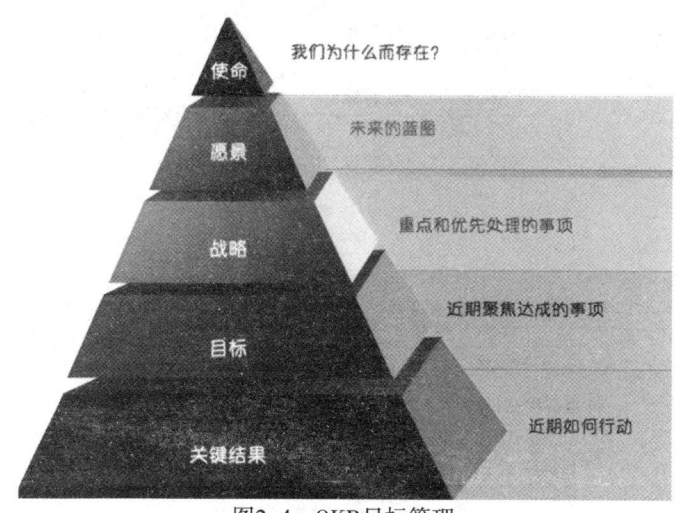

图2-4　OKR目标管理

1. 何为OKR

OKR（Objectives and Key Results），即目标与关键成果法。这里的

"O"是阶段总目标,"KR"是目标的分解,简而言之,KR就是小目标/子目标/关键节点,如图2-5所示。

图2-5　阶段总目标

O和KR之间的关系如图2-6所示。

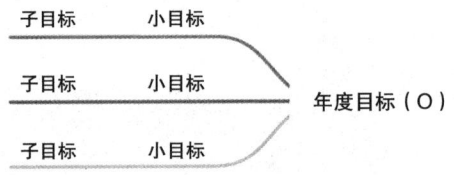

年度目标:1年/半年　周期大,时间长

子目标/关键节点/KR:1~3个月　周期小,时间短

图2-6　O和KR之间的关系

企业在施行OKR目标管理时,通常需要遵循以下4个流程,具体如下。

（1）设定目标。从战略开始确定年度目标或半年目标。

设定的目标必须是具体的、可量化的。例如，不能笼统地说"我想让我的产品更好"，应该说"产品卖出去多少台"等具体目标；不能说"使什么达到成功"，应该说"在具体的时间点达到多少万用户"。

设定的目标要是有野心、有挑战性的，甚至让你感到有些不舒服的。一般来说，如果总的评分是10分，只要达到6~7分，就算比较好的，就能为实现自己的目标而奋斗。

每季度，对员工需要设定4~6个目标，如果目标太多，会令人焦头烂额。

设定的目标必须在团队内部达成共识，是管理者与员工直接充分沟通后的共识，没有达成共识的目标，不能算作目标。

目标实施的顺序应该从上至下，即从公司到部门，再到班组，最后到个人。因为员工想做什么跟管理者想让他做什么，通常不会完全相同。员工可以先了解和查阅上层的目标，然后将自己的目标和团队目标相匹配，并与自己的领导进行讨论。

在某种情况下，个人目标很可能会变成公司以后的发展方向。

（2）明确关键节点/子目标（KR）。从目标到"关键节点"的分解。

所谓关键节点，就是为了完成这个目标我们必须做到什么：关键节点必须是具体的，可量化的；数量不能太多，一般每个目标的关键节点不超过4个；必须跟时间相关。

目标既要有季度关键节点,也要有月度关键节点;关键节点并非固定不变,可以及时调整,但要经过批准;季度关键节点通常都是只要确定了就不能改变。切记,这里可以调整的是关键节点,而不是目标。年度目标不能随意调整,但可以不断完善措施和改进方法。

(3)推进执行。从关键节点到"行动计划"。

确定了关键节点(期望的结果)后,就要围绕这个具体目标来分解任务。每项关键节点都会派生出一系列任务,分别交给不同的员工负责。这时候,关键节点负责人就成了名副其实的项目经理,组织协调大家的工作。因此,关键节点的项目经理应当是团队里非常重要的成员,能够调度和影响企业资源,如果他不具备这种能力,就不能给他这个权力。项目经理和企业决策者之间应当保持绝对通畅的沟通渠道。

(4)定期述职/复盘/打分。

述职周期:大周期是6个月或1年一次,小周期是1~3个月一次。

小周期结束后,员工需要给自己的子目标的完成情况和完成质量打分。可以使用"××千里马"工具打分,只需花费1分钟,就可以生成结果。

在述职会议上,员工需要陈述自己的工作成绩,并确定自己下一个阶段的工作目标。每个大周期结束,可以进行一次大的述职报告,主要是述职过去半年的工作绩效,企业可根据述职的结果变更职位和薪酬。

所有人的述职报告都应该面向全公司公开,这样一方面可以做到更公平和透明，另一方面也给员工提供了更好的学习和成长榜样，激励大家在工作中更高质量地挑战和提升自己，述职格式如表2-2所示。

表2-2 述职格式

内容	说明
述职精神	敢于讲真话，愿意听丑话，不为向上级汇报，只为自我成长
述职流程	（1）总结过去；（2）确定目标与结果；（3）分析与总结；（4）阐述个人成长；（5）展望未来；（6）讲述下一阶段的工作方向或思路；（7）下一阶段的个人成长目标；（8）需要的支持和帮助

2.OKR操作需要遵循的基本原则

一般来说，OKR操作需要坚持以下9个基本原则。

（1）目标值的设定须是具体、可量化、具有一定挑战性的。

（2）最多设置5个目标，每个目标最多包括4个关键节点；以产出或成果为基础，可衡量且不是常规的（要求创新）。

（3）60%的目标应该基于底层，要多倾听员工的声音，这样大家在工作时才会更有动力。

（4）所有人都要协同并达成一致，目标的讨论应当是民主的，不能出现任何命令形式。

（5）分数达到6~7分是不错的表现，设定达成6~7分就是你的目标。如果分数低于4，就要思考：这个项目究竟是否应该继续进行下去？分数不是最重要的，它只能发挥直接的引导作用。目标管理不是绩效考核，而是一种绩效监督与改进的工具。在每个时间周期里应对关键节点进行考核,只要完成了目标的60%~70%,就算好的;如果能够100%完成,说明目标设定得太过简单。

(6)一旦制定了OKR,就要进行公开,保证透明度和公平性。

(7)只有在关键节点仍然很重要的情况下,才需要持续地为它而努力。

(8)在公司层面需要成立一个委员会,保证每个人都向目标行进。

(9)在每个小周期结束时,不是考核总目标(O),而是考核工作的关键节点的完成情况。如果没有完成每个小周期的关键节点,不用保留到下一季度延期实施;对子目标进行调整,但不能随意变更年度目标。

从以上9个原则不难看出,OKR的思路是先制定年度目标(O),然后明确目标的驱动因素(关键节点),最后考核目标完成情况。从本质上来说,OKR和其他战略绩效管理工具在思路方面没有太大的不同。因为任何一种战略绩效管理都是先有目标,然后对目标进行分解,最后量化KPI。但OKR有一个特点是以季度或月度为周期讨论关键节点,它可以有效地适应"互联网+"时代外部环境快速变化的特征。

3.OKR的打分工具

关于OKR打分,员工可以选择使用小程序"××千里马"里面的工作互评工具进行打分。

小程序"××千里马"的工作互评工具可以对每个人进行30个维度的打分,如表2-3所示。

表2-3 小程序"××千里马"的工作互评工具

序号	评价内容	评分权重
1	OKR：工作目标设定	15
2	OKR：他在本阶段的工作完成度	15
3	他在领导面前敢于发表不同见解，实事求是	5
4	注重生产安全，有安全意识	5
5	能够为公司和团队创造价值	5
6	当出现问题时，不推卸责任，不找借口	5
7	他能够胜任当前工作	5
8	工作迅速、从不拖拉	4
9	能够对工作流程、规章制度提出合理建议	4
10	不给其他同事挖坑	4
11	我和他一起工作时有默契感	3
12	他具备良好的理解力	3
13	看问题全面，能换位思考	3
14	实诚	3
15	语言精练，直达重点	2
16	不迟到，不早退，工作做不完时能主动加班	2
17	不论是否认可，他在会后都坚决执行会议决定	2
18	皮实，遇到挫折不气馁，抗压能力强	2
19	能够批评与自我批评，会自我反省及复盘	2
20	身先士卒，在关键时刻总能找到他	2
21	思考问题有深度，有独到的见解	2
22	积极正面，从来不在背地里说公司或者同事的坏话	2
23	在计算机、办公用品、电路、生产工具等重要物品损坏时，能主动报修	1

续表

序号	评价内容	评分权重
24	有效控制物料的使用，不浪费	1
25	注重办公环境的卫生，将物品码放整齐	1
26	上班期间不处理个人事务，如打游戏、看电影等	1
27	对于工作文档、工作成果、工作账号等信息能够及时向上级汇报	1
28	有想法，点子多	1
29	眼里有活儿	1
30	他注重个人卫生，身上无异味，口腔无异味	1

4. 制定个人工作目标的流程

（1）学习OKR相关知识，并了解团队的工作目标。

（2）思考你的个人目标和子目标，整理后以文字的形式上报领导。

（3）领导找你谈话，阐述对你的期望，亦可利用文字沟通的方式。

（4）双方通过沟通达成共识，设定一个有挑战性的目标；将该目标记录在OKR软件上，并进行目标对齐。

（5）在团队会议上阐述自己的工作目标。

（6）在团队会议上明确完成这个目标需要什么样的资源，需要团队做哪些配合。预判完成目标会遇到哪些困难，需要什么样的帮助。

（7）在一个OKR周期结束或目标完成时，进行述职。

（8）述职完毕，进行工作能力互评打分。

当然，个人目标要符合团队目标，与团队目标方向一致。配合飞书，OKR的使用效果会更好。

5.OKR 和 KPI 的区别

（1）KPI 是拆目标，OKR 是立目标。KPI 是基于公司的年度目标推导出季度目标、月度目标，再层层拆分到部门、团队和个人，大家不是被动地认领任务，也不是没机会思考任务背后的逻辑。OKR 是先把团队目标展示给所有人，员工可以自由地以由下至上的顺序创建目标，并确保自己的小目标和公司的大目标有关联。对员工来说，KPI 是"要我做什么"，OKR 是"我要做什么"。

（2）KPI 完成度与绩效强绑定，OKR 完成度与绩效解耦。KPI 的达成率与绩效挂钩，OKR 更鼓励设定超越型目标，因此绩效分配看的是员工的实际产出。打个比方，员工 A 对自己要求宽松，其目标是获取 5 个新客户，结果获取了 5 个新客户，目标达成率为 100%；员工 B 对自己要求更高，目标是获取 20 个新客户，结果获取了 10 个新客户，目标达成率为 50%。这时候，员工 B 给公司带来的贡献大于员工 A，其绩效得分也高于员工 A。

（3）KPI 适合确定性高的企业，OKR 适合所有行业，更适合对创新要求高的企业。KPI 诞生于工业时代，那时候市场环境可预估，内部流程也是高度标准化的。OKR 诞生于变化性更强的高科技行业。最早应用 OKR 的英特尔遵循"摩尔定律"，它打算在 8 个月内将集成电路可容纳的晶体管数目翻一倍，这个目标意味着它需要一次自我颠覆。在如此高的迭代要求下，企业的发展必须依靠每个人的智慧和创新来驱动。

6.OKR 的实施是自上而下的

熟练使用 OKR 的企业，其首席执行官（CEO）都是冲在最前方的人。他们会带头写 OKR，并督促下面的管理层把 OKR 做到位。我们甚至见过一位 CEO，他每周都会跟进团队 OKR，列出标准化的问题清单，让团队中的关键角色来回答。

因此，CEO 一定要坚持写 OKR，也要坚持跟进管理层的 OKR。即使问题清单写得没那么完美，也没有关系。就像健身一样，你刚开始做动作，多半都很丑、不标准，但贵在坚持。

7.OKR 主推人

OKR 主推人的作用同样重要，因为主推人是把目标管理从想法变成现实的关键角色。

OKR 主推人一般是企业的人力负责人或战略负责人，他需要组织一支富有战斗力的 OKR 推广团队，用足够的动力和热情去影响企业高层、中层和基层员工成为 OKR 的拥趸，让 OKR 成为大家的工作习惯。

除了 CEO 的信心和决心，一个充满实干精神的 OKR 主推人也能让 OKR 的推广变得事半功倍。

8.OKR 举例

（1）产品经理

O1：建立完整的客户目标群体、用户画像和产品分析策略。

KR1：截至 2 月底，上门拜访 6 家合作客户，进行 60 次线上用户访谈。

KR2：截至 3 月中旬，为产品的 Top5% 的用户建立用户模型。

KR3：截至 3 月中旬，完成 10000 份用户调查问卷，收集用户数据。

KR4：截至 O1 结束，把用户访谈和调查问卷数据汇总成一份用户画像指南。

KR5：截至 O1 结束，实现并使用新的用户研究迭代流程。

（2）PBC

PBC，即 Personal business commitment，它的中文译名为"个人业绩承诺"或"个人事业承诺"，它是 IBM 发起的以战略和经营目标为基础而层层分解目标和工作的考核方式，其本质上是一种围绕业务来进行的考核管理工具。

员工提出一个让领导心动的工作目标和一个让自己心动的奖励方式，但该目标必须是具体的、可量化的、有时间节点的。

那么，在管理的时候，到底应该选 KPI，OKR，还是 PBC 呢？如果是传统业务，建议大家选择 KPI 考核；如果涉及创新业务，尤其是产品设计、产品开发、新业务拓展等，建议选 OKR 和 PBC。

第四节 问题思维与创新

一、问题思维

我们习惯了消灭问题而不是面对问题,习惯了"填鸭"式教育而不是互动式教育。同样,当员工在组织内不能坦诚沟通的时候,真相离管理者就会越来越遥远,管理者的身边也只会出现一堆拍马屁的人,管理者看到的只是别人希望他看到的。

苹果公司的一位资深教员将优秀的组织沟通文化总结为4个字:彻底坦诚。彻底坦诚的核心法则就是"敢激怒对方",面对问题时敢于直接对话。当然,在理解这句话时要知道创造这种"敢激怒对方"的安全氛围更重要,就像你在家里可以跟父母吵架一样,因为你永远都知道,不管怎么吵,你都爱他们,他们也爱你。这就是彻底坦诚需要具备的组织文化。

(1)允许说错,允许评论。

（2）允许争吵，可以发火，但不能记仇。

（3）对事不对人，鼓励提出不同意见。

每次在新产品计划刚开始的时候，乔布斯都会想出很多不错的想法，团队对他的想法深信不疑。每当这一刻，乔布斯总会想起自己小时候曾经历的一幕。

街上有个独居的男人，已经80岁高龄了，为了让他雇用自己除草，小乔布斯故意接近他。

有一天，男人对小乔布斯说："到我的车库来，我有东西给你看。"

只见男人拉出一台老旧的磨石机，架子上只有一个马达、咖啡罐和连接二者的皮带。然后，他们去后院捡回来一些石头，它们很普通，很不起眼。

他们把石头丢进咖啡罐里，倒上点溶剂，再加点粗砂粉，然后盖上盖子，开动电机。之后，男人对小乔布斯说："明天再来看看。"

第二天他们来到车库后，打开罐子，看到了打磨得异常圆润美丽的石头！

本来只是寻常不过的石头，经由摩擦、砥砺，发出些许噪声，竟然变成美丽光滑的石头。

乔布斯觉得，这个经历最能代表一个竭尽全力工作的团队。集合一群才华横溢的伙伴，通过辩论、对抗、争吵、合作，磨砺彼此的想法，最终才能创造出美丽的"石头"。

读过《乔布斯传》的人都知道，他有一句很有名的话："顶级人才的自尊心不需要呵护。你不需要照顾他的自尊心，如果需要，只能说明他不是人才。"正是这种理念，让乔布斯的周围聚集了一批顶级人才。

在团队中，笔者鼓励成员提出问题，且不限制种类和数量，比如，可以提出以下问题。

（1）细胞是如何区分左右的？对应的基因控制片段在哪里？

（2）企鹅、熊猫、边牧犬、虎鲸等黑白外表的动物的智商为什么比其他动物要高？

（3）双缝干涉实验对宏观粒子是否有效？在什么比例下会失效？

（4）为什么靠近北极圈的植物在 $-50℃$ 冻不死，冬眠的细胞保护机制是什么？

（5）瑶医的目诊非常准确，其科学原理是什么？

（6）拔掉的智齿可以冷冻起来吗？牙齿掉了，还可以种回去吗？

二、创新

要想在这个日新月异的社会中生存，就要时刻保持创新，这种创新并不依赖于个人的能力，而是要依靠团队合作来完成。

创新团队，通常具有以下特点。

（1）打造一个可以坦诚沟通的环境。

（2）尽可能提高大家的胆量，避免"老好人"文化。

（3）提高个人发现问题的能力，并给予奖励。

（4）转变观念，打开格局，"鼓励别人向自己提出问题"而不是"对提问题表示质疑"。

（5）不限制问题的种类，鼓励提出任何问题。

（6）不限制问题的数量，问题越多代表思考力越强。

（7）记录已经解决的问题，保存在知识库，供其他人验证和参考。

对创新进行管理将日益成为公司管理层面临的一个挑战，也是对其能力的检验。那么，如何有效地打造创新型组织？怎样才能为公司营造创新的氛围？

（1）独特的文化。彼得·德鲁克曾经有句名言："文化早餐吃策略。"一切都建立在文化上，出现的故事定义了人们的态度和行为，以及他们的正义感和对重要事物的归属感。当人们不害怕接受批评、适应和改变时，伟大的事情就会发生。

团队内发展起来的人员和网络平台是这种适应能力的核心。因为只有人们在信任和心理安全的环境中交流想法时，创新文化才能蓬勃发展。研究表明，当人们感到安全时，他们更开放、有韧性、有动力和以解决方案为导向。人们可以将挑战视为积极的机遇，而不是威胁。这是商业成功的巨大因素。

（2）安全自由空间。在心理安全、高绩效的团队中，协作和创新是强大的特征，因为当人们感到自己被尊重和接受，会表现出信任和建立信任的行为，愿意冒险并尝试新方法，从而具有高度的韧性和动力。在一个安全的空间里，团队就能进行开放、自由和非传统的分歧思维，没有什么疯狂的想法，团队就能探索自己的思维和创造力。

（3）使命驱动。创新团队需要在目标明确的组织中蓬勃发展。员工被对工作意义的渴望所驱使，强烈的共同目标感可以将人们聚集在一起，提高他们的创新能力。

（4）团队能力成长。创新团队需要结构和清晰度，也需要制定有效的行为准则和实践标准，以引导团队取得成功。基于成功建立关系、协作和沟通的技能，对于抓住和开发机会至关重要。鼓励员工自由地表达想法并开放问题，参与工作，他们自然就会对自己的行为负责。

第三章
人才密码

第一节主要介绍话题面试法。

第二节主要教你如何做人才测评，在工作岗位上怎么做人才画像。

第三节主要教你面试流程、现场面试的技巧，帮你把面试效率提高几十倍。

第四节主要教你末位淘汰的办法和解聘流程。解聘的工作要在平时做，不能临时抱佛脚，避免劳动纠纷。

第五节主要涉及劳动合同实践中会遇到的常见问题，帮你规避用工风险。

第一节　话题面试法

话题面试法就是通过预先约定好的面试话题，通过对话题的探讨来发现对方的天赋。

1. 面试话题的类型

（1）封闭型提问

例如，"你愿意做工程师，还是市场开发人员？"

这种问题的答案具有确定性和唯一性，应试者只能做既定的回答，不能随意发挥。

针对这种问题，回答时要力求简洁、明白，一般不须做过多的补充和修饰。

（2）假设型提问

例如，"如果让你来当我们公司的总经理，你首先会做哪几件事？"

很明显这是假设出现的情况，目的是考察应试者的想象能力、原创能力、处理突发情况的能力。

（3）开放型提问

例如，"你的性格特点是什么？善于与人相处吗？"

这类问题具有发散性和灵活性，可以让应试者根据自己的实际情况进行较为自由的选择和回答。

（4）否定型提问

例如，"我们要求应聘者具有大学本科以上学历，而你只是专科毕业，这恐怕不太合适吧？"

面试官是故意为之，目的是通过指出应试者的薄弱之处，使其陷入一种困境，考察在这种极端情况下应试者的心理承受能力。

（5）连珠型提问

例如，"你喜欢读书吗？你在业余时间喜欢读什么类型的书？经济类的书你读得多吗？你较为欣赏哪一种管理理论？"

通过这一系列的问题，可以深入了解应试者在某一方面的情况。

2. 话题举例

通过话题讨论，可以看出一个人的逻辑思维能力、见识、表达能力、语言组织能力和独立思考能力等。

话题1："人性本善，还是人性本恶。"

相信在看到这个问题时，有90%以上的面试者都会回答"人性本善"，一小部分应试者会说"人性本恶"，更少的应试者会说"人性中有善，也有恶"。

这些人之所以会回答人性本善，是因为他们从小就被教育了人性本善。这时候，你可以和他们进行探讨：

如果人性本善，那么恶从哪里来？如果人性本恶，那么善是怎么来的？如果人性本善，在幼儿园里相同的老师、相同的环境下，依然会出现某些小朋友被其他小朋友欺负的情况，为什么？

通过聊天可以看出面试者的价值观是否正确、看问题的角度是否片面、观点是否有足够的创新性等。如果对方执拗地认为人性本善或人性本恶，都是非常片面的，其逻辑水平也不会很高。对此处的善恶未给出精确定义，虽然中国传统文化认为嫉妒和自私也是恶的表现，但在很多理论体系里面这些并不属于恶。

话题2："法律一定是正确的吗？请说出你认为不合理的法律。"

遇到这个问题，大多数面试者会尴尬，不知道怎么回答，因为他们很少会怀疑法律的正确性，如果这时你稍微提示一下，气氛会缓和很多。比如，你说"在一些阿拉伯国家，禁止女性在公共场合露面，女性甚至被禁止开车"。这时候可以稍微打开面试者的思路。如果面试者侃侃而谈，说明他是一个善于思考的人，不容易被洗脑，有独立思考能力。这样的人可以从事创意类的工作，比如可以从事产品设计类的工作，因为从事这类工作时要想有所突破，必须在思考问题的角度方面有所不同。

不过，很多时候法律正确与否是一个相对的概念，没有绝对的正确答案，可能以前正确，现在就不正确了，也可能现在正确，但未来就不正确了。

3. 面试官在面试过程中需要注意的事项

（1）避免提出具有暗示性、引导性的问题，不要让应聘者知道你的倾向。

（2）有意提出一些相互矛盾的问题，引导应聘者给出可能矛盾的回答，判断应聘者是否在面试者中隐瞒了真实情况。

（3）提出的问题要直截了当，语言简练，有疑问可马上提出并及时做好记录。

（4）注意应聘者的肢体动作，包括脸部表情、姿势、讲话的声音、语调、举止，查看对方是否回答真诚，是否有底气，以及有没有说谎。

（5）态度自然亲切、循序渐进，让面试者打开心扉，畅所欲言。

（6）除了阐明背景外，提出的问题要简单明了、通俗易懂，不被应聘者误解。

（7）为了避免应聘者回答不上来的尴尬，提出的问题要先易后难，先熟悉后生疏，先具体后抽象。

（8）面试要有头有尾，避免冷场。话题的转换、收放和结束要流畅自如。

（9）面试是为企业寻找人才，要了解应聘者真正的求职动机和需求。

第二节　人才画像和测评中心

一、人才画像

怎样才能精准地知道谁是你要找的人才呢？这里有一个工具，叫作"人才画像"。简而言之，"人才画像"就是把某个人才的特征，像画家画人像一样描述出来。描述到什么程度好呢？就是当你描述的这个人走在大街上，你只要看一眼就能知道他就是你要找的人。

人才画像的本质就是解决人才与岗位之间不匹配的矛盾，方便人才快速便捷地找到适合自己的工作岗位，企业也可以根据人才画像找到与岗位相对应的技能人才。根据岗位需求，将适合的人才特征以画像的形式描绘出来，让企业清楚地知道自己需要什么样的人，从而有的放矢，帮助企业更有针对性地开展招聘、培训、发展等工作。

1. 如何进行人才画像

（1）人才画像的基础是岗位说明书

岗位说明书是人力资源管理中非常基础的文件，也是稳定人力资源管理系统的文件。

岗位说明书的制作，要基于公司要完成其使命，将工作任务分解到这个岗位，明确这个岗位需要什么样的人才、需要做什么具体工作以及如何管理等要素。

在需要什么样的人才这个环节，岗位说明书可以规范需要具备哪些知识、技能、能力、经验等，但这还不是人才画像，只是人才画像的基础。

（2）人才画像的三个层次

做人才画像需要由 HR 牵头，组织用人部门形成一个小组来完成，这个小组中最好有主管这个岗位的上级和公司已有的同岗位的人员。

第一层，"看"。需要明确所需人才的性别、年龄、身高、体重、体型、肤色、穿着打扮等。

第二层，"观察"行为习惯。有什么爱好、习惯什么样的交流方式、经常出现的地方（线上和线下）、喜欢采用什么方式获得信息、喜欢和什么样的人交流等。

第三层，"分析"心理需求。个人发展的需求、可能的痛点等。

根据以上信息，就可以基本清晰地描述出该岗位需要的人才的真实情况。

这里要强调的是：岗位分析，强调的是事，然后才是需要什么人来做；

专业化的描述，更多的是岗位说明书做的事情。人才画像，强调的是人适合做什么事，其更多的是生活化的，而非专业化的描述。

人才画像，可以把专业词汇较多的岗位人员需求变成活生生的人，站在我们面前，让我们可以更具体地"看见"这个人。一般情况下，要使用人才画像的岗位，都是比较难招聘的岗位。相对好招聘的岗位，不一定需要人才画像，这样比较节省时间。

2. 各岗位人才画像

人才画像类似用户画像。

人才画像是基于企业招聘的显性的职位描述和隐性的内在潜质共同组成的。这方面我们可以参考比较形象的冰山原理图，位于冰面上层的是知识、行为和技能，位于冰面下层的是价值观、态度、品质、个性、内驱动力、动机和技能等，如图3-1所示。

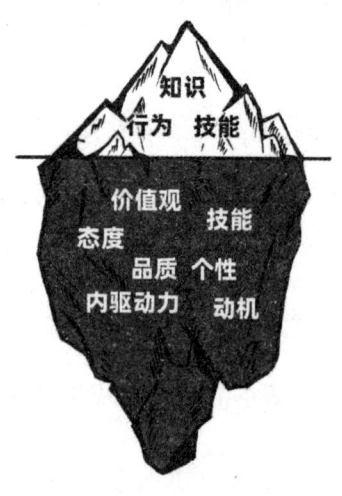

图3-1 冰山原理图

在图3-2中,体现了用户画像的具体内容。

图3-2 用户画像

下面是销售岗位、产品经理岗位的人才画像。

(1)销售岗位的人才画像

性别:不重要;

年龄:不重要;

经验:不重要;

专业:不重要;

逻辑:★★★☆☆(具备多赢思维,学习能力好);

皮实:★★★★★(扛得住拒绝,坚持不懈,韧性强劲,执着);

诚信:★★★★★(三观正,不欺骗客户);

勇敢:★★★★★(拜访客户,能和陌生人快速建立联系);

沟通:★★★☆☆(外向、有亲和力);

敏感：★★★☆☆（了解用户的痛点和真实需求）；

动机：★★★★★（有目标，需要钱）。

该岗位的人才可能刚毕业，也可能已经工作了一段时间，或者是刚结束了上一份工作。他以前可能是做技术的，也可能是做老师的，但他现在迫切需要钱，希望通过自己的努力获得财富上的回报。

该岗位人才的人品正直诚信，不会欺骗客户，不怕被拒绝，更不怕吃苦。他就像一棵胡杨树，有着极强的生命力；他就像一头骆驼，有着极强的适应性，特别能打攻坚战。如果他同时具备胆大心细的特征和丰富的管理经验，那么他将会是一个不可多得的销售管理人才。

专业知识可以通过培训提高，不能培训的往往是冰面下面的潜质。

（2）产品经理岗位的人才画像（软件方向）

性别：更倾向于男性；

年龄：40岁以内为佳，年龄过大容易创新力不足；

经验：不重要，有成功案例会更好；

专业：产品设计、计算机相关专业等技术出身的有优势；

美感：★★★★★（非常重要）；

逻辑：★★★★★（非常重要）；

胆识：★★★★★（非常重要，是产品创新和差异化所必需的）；

皮实：★★★★★（坚持不懈，韧性强劲，执着）；

沟通：★★★★☆☆（内向，沉稳，擅长深度思考）；

敏感：★★★★★（了解用户的痛点和真实需求，并进行 ABtest）。

该岗位的人才可以没有管理经验，待其入职后可以通过培训提升。

他可以没有产品设计经验，但最好懂技术。比如，微信的创始人张小龙，今日头条的创始人张一鸣，腾讯的创始人马化腾，都是技术出身。

该岗位的人才可以是刚毕业的学生，但其必须具备敏感、聪明的特质，能够感受产品细节上的变化带来的用户体验差异。

一般来说，男性的胆量优于女性，因此这个岗位更适合男性，相比较而言，男性更容易做出突破性创新。

该岗位人才喜欢运动健身，可能喜欢长跑、爬山等耐力运动，也可能喜欢滑雪。因为保持创造力需要大量的有氧运动。

该岗位人才热爱产品设计，关注"人人都是产品经理"新媒体账号，其抖音关注里有关于产品设计和管理的内容。

二、测评中心

雇用一个不符合岗位要求的员工入职会破坏整个团队的和谐性，降低工作效率。所以，提高招聘的成功率，提高培训的产出效益，减少人员工作适应、培训和能力开发的成本，是所有企业的人力资源部门都必须认真考虑的问题。

通过人力测评体系，不仅可以了解员工能力与职位要求的匹配度，还可以了解其工作动机、性格气质特点等与职位发展的匹配度，实现人与事的科学配置，消除人事配置中主观臆断的弊端。

为了帮助企业搭建自己的人才测评体系，笔者团队专门开发了一套测评工具——"××千里马"。该人才评测工具共分为三个阶段，每个阶段测评的内容有所不同，下面我们来分别进行详细讨论。

第一阶段：面试测评

这个阶段我们需要尽可能地把面试者所具备的天赋测评出来，并对比工作岗位的人才画像，看看面试者是否适合这个岗位。

1. 美感测评

美感是审美主体对客观现实美的主观感受，是人的一种心理现象，即人类的审美意识。它是人们在审美活动中，对于美的主观反应、感受、欣赏和评价。

例如，乔布斯的美感非常高，他的极简设计理念，以及他设计的书法字体，都可称为艺术。

产品设计岗位对美感的要求非常高，××千里马的面试测评题目首先就是对美感进行评测。下面是其中一部分美感测评的题目，如表3-1所示。

表3-1 美感测评题目

题目	分类名称	属性	题目配图
下面哪根线最能表达快乐	美感评测	部分正确得分	

续表

题目	分类名称	属性	题目配图
下面哪个图形最稳定	美感评测	部分正确得分	
下面哪个图形最令人感动	美感评测	部分正确得分	

2. 管理经验测评

通过管理经验测评题目，可以筛选出那些有带团队经验的团队负责人。

这里有几道可供参考的评测题。

（1）公司要求裁员，如果你是部门领导，你会裁哪些人？（　　）

A. 兢兢业业，但是对公司不创造什么价值

B. 非常有才能，但是人品不太好

C. 小白员工，啥都不会，他说什么都可以学

D. 总是对你提反对意见，在会议上也不给你面子的人

E. 偏执，甚至不合群的技术人员

（2）如果让你带领一个团队，你会信奉什么管理理念？（　　）

A. 珍惜生命，远离猪队友

B. 不让任何一个队友掉队

C. 人多力量大，多一个人，多一份力量

D. 我只要精英就可以，数量上不超过 10 个人

管理经验测评题大多侧重的是个人经验和简历的匹配程度，至于管理经验，可以在后天经过管理训练大幅度提高，很多技术人员都能成功转型为管理人员。

3. 运动类型测评

每个人喜欢的运动类型和其性格有着极大的相关性，运动类型本身没有好坏的区别，但类似的多维度测评题目对于我们筛选人才、做岗位匹配却非常有参考意义。测测系统里内置了大量题目，笔者还在不断地补充和完善，每个题目选项都会给出一个人物标签，供 HR 和企业领导后期做验证。

这里有几道评测题可供参考。

（1）下面的运动中你更喜欢哪一类？（　　）

A. 跑步、骑行、游泳、爬山等耐力运动

B. 篮球、足球等团队协作类运动

C. 羽毛球、乒乓球等单人对抗运动

D. 滑雪、赛车、探险等极限运动

E. 打游戏

F. 我不喜欢运动

在这道题目中，如果是筛选产品经理岗位，那应聘者通常一定不会选 F

选项，更可能选 A 选项，即跑步、爬山等有氧运动；如果筛选的是投资人，应聘者可能不会选择 D 选项，因为一来投资风险很高；二来投资人大多是风险规避型和谨小慎微型的人，很多都不喜欢极限运动。

（2）老板重病住院，但你有一个重要且紧急的事情要请示，此时你会选择怎么做？（　　）

A.拨通老板的电话，重要的事情一定要让老板知道。

B.在紧急情况下我可以自己做主，避免打扰老板。

C.和团队其他成员商量后决定，避免打扰老板。

如果你想聘用的是一个中高层管理人员，那对选 A 选项的人就要小心了，因为他可能是一个没有担当、事事汇报的人。

4.逻辑测评

逻辑测评是综合评估一个人的逻辑思维能力、数学能力、发散思维能力、细心程度的工具。

逻辑测试题要求应聘者在 30 分钟内做对尽可能多的题目，题目类型有推理题和数学题，试题总分为 230 分。

一些岗位不要求逻辑分值极高，只要符合岗位的要求就可以。研发岗位、产品岗位、高级管理岗位，对逻辑测评的分值要求很高。如果高分值人员被安置在低端岗位，其通常干不长。

××千里马里的逻辑分值≠智商，差别在于这个逻辑测评里加入了测试发散思维、细心程度等的试题。

得不同分值,可以从事的岗位不同,如表3-2所示。

表3-2 分值与岗位对应表

分值	可从事的岗位
190~230分	逻辑思维非常优秀,可以从事工程师、架构师、程序设计师、数据分析师、产品经理、团队负责人、研发总监、高层管理人员等核心岗位
150~189分	逻辑思维优秀,可以从事工业设计师、程序员、产品经理、法务、运营、财务中高层管理人员等关键岗位
110~149分	逻辑思维优,可以从事采购、库管、助理、销售、主管等基层管理人员及专业技术人员岗位
70~109分	逻辑思维普通,可以从事的岗位:客服、销售、行政等基层工作人员;专业技术人员等普通岗位
70分以下	逻辑思维欠佳,可以从事的岗位为基础工作、事务性工作、体力劳动等非核心、非关键岗位

5. 图形推理评测

举个例子,如图3-1所示。

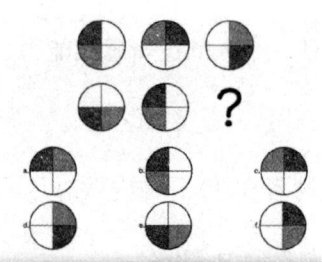

图3-1 图形推理评测示例

下面是几道关于图形推理的评测题。

1.一种溶液,蒸发掉一定量的水后,溶液的浓度为5%;再蒸发掉同等量的水后,溶液的浓度变为6%;第三次继续蒸发掉同等量的水后,溶液的浓度将变为多少?

2. A、B、C、D 4个工程队修建一条马路,A、B工程队合作可用7天完成，A、C工程队或B、D工程队合作可用6天完成。问若C、D工程队合作，能比A、B工程队合作提前多少天完成？

由于题库丰富，而测评时长只有30分钟，所以对面试者而言，很难在规定时间内将题目全部做完。为了防止替考行为的发生，建议在入职前对员工进行一次复测。

下面是一个面试测评报告的示例，如表3-3所示。

表3-3　测试报告示例

能力标签	不抽烟，有驾照，格局中，胆量小，中等自律，喜欢创作，喜欢发明，喜欢游戏，创作潜力中； 管理潜质差，制度性思维差，动手能力一般，喜欢团队决策，坦然面对错误，性格敏感度一般； 本阶段更关注健康，不适合财务类工作，喜欢有挑战性的工作岗位，比较关注领导对自己的看法； 可以接受批评，正视自己存在的问题，期望工作稳定，若被辞退要求提供明确的原因
美感	有普通的图形美感
逻辑测评	逻辑思维优秀，可以从事的岗位包括工业设计师、程序员、产品经理、法务、运营、财务等； 可以从事中高层管理人员等关键岗位

第二阶段：试用期测评

该软件还支持团队成员管理功能，方便多名HR和企业负责人共享面试测评结果，如图3-2所示。

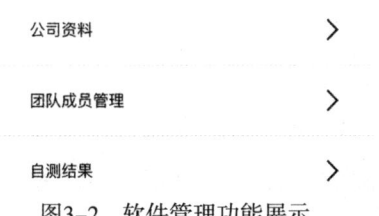

图3-2　软件管理功能展示

假设面试者顺利通过了面试测评,达到了公司的要求,那测评中心工作的重点就变为了试用期测评。

一个人可以在领导面前伪装,但很难在同事那里伪装;

一个人可以在同事那里伪装,但很难在所有同事那里伪装。

基于以上原理,我们设计了团队互评工具。假如团队中共有10个人,让另外9个人对团队中的某个人进行评价打分,这就是团队互评。评价内容主要包括以下几个方面。

价值观互评:对被测评人的价值观进行打分。

工作能力互评:对被测评人的工作能力进行打分。

领导力打分:对被测评人的领导力进行打分。

1. 价值观测评

价值观测评打分的内容有40项,如表3-4所示。

表3-4 价值观测评打分

序号	内容
1	攀亲结党,搞小团体
2	上班期间经常看电视剧,打游戏
3	无原则,无底线,品质败坏
4	不实事求是,在领导或同事面前虚与委蛇
5	装,说话假大空
6	上班期间经常处理个人事务
7	有赌博或吸毒行为
8	出现问题从来不从自身找原因,喜欢推卸责任
9	从不听取他人的建议或假装听取别人的建议

续表

序号	内容
10	不尊重客户，辱骂客户
11	不关心公司利益，只关注个人利益
12	言而无信，当面一套，背后一套
13	浪费公司的物料、物资、办公用品等
14	经常请假
15	工作中若同事寻求帮忙，不愿意配合
16	打击报复，给同事穿小鞋
17	找同事借钱，拖延还款或故意不还
18	喜欢打听、传播小道消息
19	工作不会做就搁置，不寻求解决办法，不向领导求助
20	经常传播负能量、谣言
21	私底下说公司或同事的坏话，挑拨关系
22	最近有过辱骂他人或打架斗殴的情形
23	会上不发言，会下发牢骚
24	工作中遇同事请教问题故意不解答
25	责任心不足，经常事不关己，高高挂起
26	拖沓，提交工作结果总是需要督促
27	经常卡点上下班
28	有工作未完成时从来不加班
29	做事情拆了东墙补西墙
30	做过损人利己的事情
31	有过泄密的行为（例如违规透露薪酬、公司核心机密）
32	不讲卫生，乱扔垃圾
33	不遵守公司的规章制度
34	在内部工作过程中斤斤计较，生怕自己吃亏
35	喜欢贪小便宜

续表

序号	内容
36	最近有过欺骗行为(三个月内)
37	有过贪污、索贿、受贿的行为
38	讨论阶段未提出异议,实行阶段未按照决议执行
39	有过小偷小摸的行为
40	缺乏感恩的心,即使帮助他,他也认为理所应当

价值观打分结果示例如表 3-5 所示。

表3-5 价值观打分结果示例

试题编码:	HP-814
测评日期:	2▇-01-19 12:22:14
题目类型:	价值观互评
被测评人:	▇
联系电话:	1513▇
生成人:	▇
生成时间:	20▇▇01-19 12:17:52
样本数:	7

题目1	缺乏感恩的心,即使帮助他,他也认为理所应…		
	是(29%)	否(57%)	不知道(14%)
题目2	讨论阶段未提出异议,实行阶段未按照决…		
	是(29%)	否(57%)	不知道(14%)
题目3	做过损人利己的事情		
	是(29%)	否(57%)	不知道(14%)
题目4	最近有过欺骗行为(三个月内)		
	是(29%)	否(43%)	不知道(29%)

在价值观打分选项中,有"是、否、不知道"三个选项。针对价值观打分频次,我们建议在员工入职后的第 1 个月、3 个月、5 个月时分别做一次。对于个人价值观不符合团队价值观的员工,坚决不能允许通过试用

期，要避免给团队造成不必要的损失。

2. 团队能力互评

这一环节的操作流程具体如下。

第一步，微信搜索并打开"××千里马"小程序。

第二步，选择创建团队互评试题。

第三步，选择打分内容，输入被测评人信息。

第四步，确认生成测评二维码。

第五步，发送测评二维码给相关同事，进行打分测评。

第六步，进入团队互评列表查看结果。

下面是××千里马软件界面，如图3-3所示。

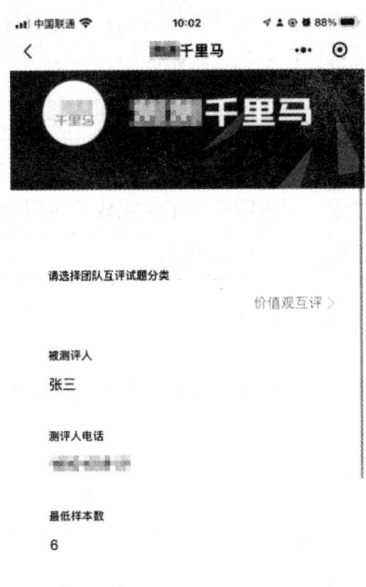

图3-3　××千里马软件界面

3. 领导力打分

领导力打分有 15 个维度，如表 3-6 所示。

表3-6　领导力打分的15个维度

序号	题目
1	大家可以开诚布公地沟通，负责人鼓励我们发表不同的看法和建议，并综合考虑
2	他奖惩分明，能够公平地奖惩，营造相对公平的工作环境
3	当出现问题时，他能主动承担应有的责任
4	他决策果断，思维敏捷
5	他诚实守信，言行一致
6	原则性强，违反原则的事情坚决不做
7	他会经常组织案例分享会，我学习到了专业知识，能力有了很大提高
8	我对团队的工作结果满意
9	他会清楚地告诉我公司的业务方向和愿景
10	他会清楚地告诉我团队的中短期工作计划和工作目标
11	他给了我充分的授权，让我能自主决定工作细节
12	他能够指出我工作中的难点和重点，并给予引导
13	我喜欢这个团队
14	我清楚我的工作目标、岗位职责及工作完成的时间节点
15	我清楚自己的工作流程和工作要点

下面是关于领导力的评测题：

1.大家可以开诚布公地沟通，负责人鼓励我们发表不同的看法和建议，并综合考虑。(　　)

　　A.他很有包容性（10分）　　　　B.他有时候能听进去　（5分）

　　C.他听不进去（-5分）　　　　　D.他会打击报复　　（-10分）

2.当出现问题时，他能主动承担应有的责任。(　　)

A. 是（10分） B. 他只会甩锅（-5分） C. 不知道（0分）

3. 他奖惩分明，能够公平地奖惩，营造相对公平的工作环境。（　　）

A. 是（10分） B. 否（0分）

领导力打分，主要是下属给上级打分评价。对于中高层管理团队，领导力打分可以清楚地展示领导的领导风格和领导能力。

不同于工作能力互评，领导力测评题目中的很多选项是非黑即白的，因为每个人对领导的看法不同，所以打分的人数越多，评价结果越客观公正。建议评价人数在5人以上，如图3-4所示。

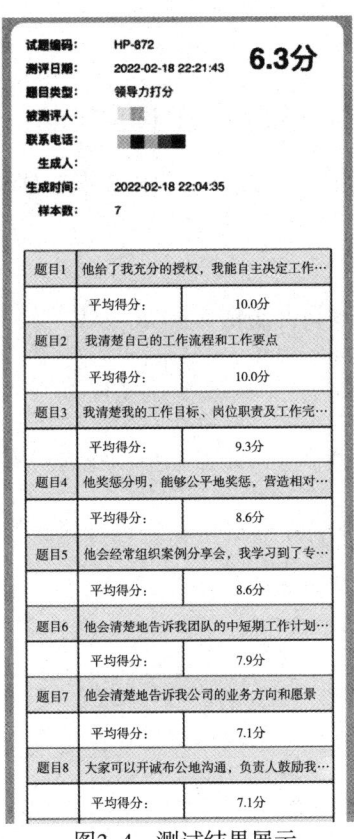

图3-4 测试结果展示

当然，除了"价值观互评""工作能力互评"以外，还需要做内训测评。

在进行内训考试前，应该对员工进行足够的培训。例如，客服在上岗之前要做客服岗前培训，培训后必须进行考试，这样做的目的一方面是为了巩固学到的知识，同时对学习结果进行验收；另一方面是为了对不合格的人员及时结束试用期。

下面是内训评测题，供大家参考。

1. 当商品为标品，在下面哪种订单状态下，客户申请全额退款，无须商家确认。（　　）

  A. 等待买家付款　　　　　　B. 已付款，等待卖家发货

  C. 卖家已发货，买家未签收　　D. 买家已签收，但未确认收货

  E. 交易成功

2. 下列哪些情况会影响商品排名。（　　）

  A. 客服响应速度慢　　　B. 发货速度慢

  C. 退货率高于同行业　　D. 在不违反平台规则的情况下商品首图标新立异

3. 在下面哪些情况下，平台会对商家进行罚款？（　　）

  A. 卖家延迟发货　　　B. 客户以商品缺货为由申请退款

  C. 虚假发货　　　　　D. 发货后快递单录入平台超时

4. 下面哪些情况应由卖家承担退回运费？（　　）

  A.7 天无理由退货　B. 型号 / 功能 / 颜色与商品的页面描述不符

C. 质量问题　　　D. 少发 / 漏发　　E. 包装 / 商品破损

5. 买家申请退货，客服该如何处理？（　　）

A. 先了解退货原因，尝试通过小额退款挽回客户

B. 了解退货原因并汇总退货原因，上报领导

C. 提醒客户保证发货的完整性，避免商品中途破损而引起纠纷

D. 告知客户不要发运费到付

E. 及时查看系统后台，确认收到货后不影响二次销售，可为客户办理退款

答案：

1.B　2.ABC　3.ABCD　4.CDE　5.ABCDE

笔者认为，企业内训是企业必须要做的事，员工必须经过企业内训和内训考试才能深入理解企业文化，毕竟大部分员工并不会主动地学习。

再举个例子，无论是在中学还是大学里，大多没有设置关于计算机系统的课程，学生一般只能学习Office、设计软件、Java等软件类的课程。这导致员工普遍在计算机系统方面的知识非常匮乏。下面请试着做以下题目。

1. 关于Windows桌面，下面说法错误的有哪些？（　　）

A. 任务栏上面的搜索框无法去掉

B. 桌面的回收站无法隐藏

C. 桌面文件的默认保存路径为C盘

D. 系统盘有 30G，可以在桌面保存很多电影文件

2. 关于投影仪和分屏显示，论述错误的是（　　）

A.VGA 线连接投影仪后并不会传输声音

B. 投影仪连接上计算机以后不可以调整屏幕分辨率

C.HDMI 线可以同时传输高清图像和声音

D. 当计算机连接两个显示器的时候，可以显示两个不同的桌面

3. 下面的知识点中论述错误的有哪些？（　　）

A.WPS 是常用的国产办公软件

B.Photoshop 是常用的国产绘图软件

C.Word 和 Excel 是我国开发的大型办公软件

D. 对计算机来说空格至少会占用一个字符

E. 输入验证码的时候通常不用区分大小写字母

4. 关于文件扩展名，论述正确的是（　　）

A.".mp4"文件是常见的视频文件

B.".jpg"文件是常见的图片文件

C.".rar"文件需要用解压缩程序打开

D.".txt"是常见的文本文件

E. 隐藏文件都没有扩展名

5. 在哪些情况下插拔存储设备一定不会损坏数据？（　　）

A.U 盘灯闪烁的时候

B. 移动硬盘读写数据的时候

C. 显示U盘或移动硬盘被占用的情况下

D. 在SD卡没有文件数据传输的情况下

6. 计算机卡顿的常见原因有哪些？（　　）

A. 计算机的内存小　　B. 计算机的垃圾软件多，启动项多

C. 网络带宽堵塞了　　D.CPU满负荷运转

E. 计算机使用者没有学过计算机基础

7. 下面关于搜索知识的论述，正确的有哪些？（　　）

A. 搜索时输入的字符数越少，出来的结果越多

B. 搜索时输入的字符数越多，越精确

C. 搜索时输入的字符数越多，意味着出来的结果越少

D. 遇到不会的知识点，都可以搜索一下

E. 可以用空格对搜索内容进行分词，人工分词比计算机分词要精确

8. 关于字体的论述，正确的是（　　）

A. 不能使用没有经过授权的商用字体文件

B. 字体文件的保存路径在"C：\Windows\Fonts"下

C. 安装字体非常简单，只需要复制到系统默认的字体文件夹中就可以了

D. 我公司的文件服务器有免费可用的字体安装包

答案：

1.ABD　2.B　3.BC　4.ABCD　5.D

6.ABCDE　7.ABCDE　8.ABCD

以上是一部分关于计算机的考试题目，经过计算机相关知识的培训和考试，员工的计算机出现网络卡顿、死机、电池损毁等现象的次数会大大降低。

此外，针对试用期员工，尤其是针对企业关键岗位的员工，我们还安排了模式内训课程和企业定制课程。

没有经过培训的员工，对调岗是有抵触情绪的，经过培训以后，员工对调岗会抱有积极的态度。在一个岗位持续工作多年以后，员工会产生疲惫心理，会对工作应付了事。调岗和轮岗的好处有以下6点。

（1）有助于员工了解上下游的工作内容，从而更好地完成当前工作。

（2）有助于员工对工作保持新鲜感。

（3）有助于企业员工成长为综合型人才。

（4）员工成为多面手后，当有员工请假或离职时，很快可以有人接替，避免工作出现断档。

（5）有助于企业流程的标准化。

（6）极大地锻炼了部门负责人和HR的工作和培训水平。

第三阶段：长期的工作能力互评

对于工作能力互评，有30个维度，具体如表3-7所示。

表3-7　工作能力互评的30个维度

序号	评价内容
1	OKR：工作目标制定
2	OKR：他本阶段的工作完成度

续表

序号	评价内容
3	他在领导面前敢于发表不同见解，实事求是
4	注重生产安全，有安全意识
5	能够为公司和团队创造价值
6	当出现问题时，不推卸责任，不找借口
7	他能够胜任当前工作
8	工作迅速、从不拖拉
9	能够对工作流程、规章制度提出合理建议
10	不给其他同事挖坑
11	我和他一起工作有默契感
12	他具备良好的理解力
13	看问题全面，能换位思考
14	实诚
15	语言精练，直达重点
16	不迟到，不早退，工作做不完时能主动加班
17	不论是否认可，他在会后都坚决执行会议决定
18	皮实，遇到挫折不气馁，抗压能力强
19	能够批评与自我批评，会自我反省、复盘
20	身先士卒，在关键时刻总能找到他
21	思考问题有深度，有独到的见解
22	积极正面，从来不在背地里说公司或者同事的坏话
23	计算机、办公用品、电路、生产工具等重要物品损坏时能主动报修
24	有效控制物料的使用，不浪费
25	注重办公环境卫生，物品码放整齐
26	上班期间不处理个人事务，如打游戏，看电影等
27	能够及时向上级汇报工作文档、工作成果
28	有想法，点子多
29	眼里有活儿
30	他注重个人卫生，身上无异味，口腔无异味

工作能力互评中的每个选项都有不同的权重分，其中与OKR相关的权重分最高，也就是工作结果对分值的影响更大。

下面是关于工作能力的评测题:

1. OKR 在本阶段的工作完成度。(　　)

   A. 超标准、超预期地完成工作　（10分）

   B. 工作完成得很漂亮　　　　　（8分）

   C. 完成了工作目标　　　　　　（6分）

   D. 尚未达到工作目标　　　　　（4分）

   E. 距离工作目标还差很远　　　（2分）

   F. 与工作目标南辕北辙　　　　（0分）

2. OKR 工作目标制定情况。(　　)

   A. 他会主动制定富有挑战性的工作目标　（10分）

   B. 他会主动制定一般性的工作目标　　　（7分）

   C. 总是被动接受团队安排的目标　　　　（4分）

   D. 从不制定工作目标,想到啥就干啥　　（0分）

   E. 不知道他的工作目标　　　　　　　　（5分）

3. 他在领导面前敢于发表不同见解,实事求是。(　　)

   A. 是 （10分）　B. 否 （0分）　　C. 不知道 （5分）

   有些同事在工作分配上是上下游关系,但他们依然不知道对方的具体工作内容。如果遇到这种情况,说明你没有做好述职报告,没有让别人了解你的工作内容;一些大企业认为不知道是很正常的现象,不应该苛求每个人都把自己宣传到位。因此,我们给"不知道"计5分,最后的汇总得分按照"不知道"计分和"不知道"不计分,做出两个汇总成绩,在"不知道"不计分时,选"不知道"的人的选票不会被计入该项成绩,如表3-8所示。

表3-8 测试结果展示

试题编号:	HP-971
测评日期:	2022-03-31 17:19:28
题目类型:	工作能力互评
被测评人:	
联系电话:	186
生成人:	
生成时间:	2022-03-31 17:16:33
样本数:	8

8.6分("不知道"不计分)
8.2分("不知道"计分)

题目1	他具备良好的理解力
平均得分:	10.0分

题目2	语言精练,直达重点
平均得分:	10.0分

题目3	不迟到,不早退,工作做不完时能主动加班
平均得分:	10.0分

题目4	他在领导面前敢于发表不同见解,实事…
平均得分:	10.0分

题目5	有效控制物料的使用,不浪费
平均得分:	10.0分

题目24	思考问题有深度,有独到的见解
平均得分:	8.1分

题目25	实诚
平均得分:	8.1分

题目26	注重办公环境卫生,物品码放整齐
平均得分:	7.5分

题目27	当出现问题时,不推卸责任,不找借口
平均得分:	7.5分

题目28	能够批评与自我批评,会自我反省,复盘
平均得分:	7.1分

题目29	看问题全面,能换位思考
平均得分:	7.1分

题目30	OKR: 他本阶段的工作完成度
平均得分:	4.8分

我们特别加入了"口腔无异味,身体上无异味"选项,因为中国的一

些地区的人,"幽门螺杆菌"的感染率达 50%。

幽门螺杆菌是胃癌的主要致病因素之一,这种细菌的传染性极强,尤其是在团队一起聚餐的时候,很容易被传染。笔者曾经有一个小伙伴在入职体检时就检查出来有"幽门螺杆菌",对此 HR 小姐姐曾多次跟他沟通,让他去治疗,但当事人不重视,后来团队中陆续有七八个人感染。

关于工作能力互评,建议每 2 个月做一次,如果 OKR 的实施周期是 3 个月,也可以每 3 个月做一次。

在互评结束后还可以进行排名,"不知道"选项是否计分对排名的影响不大,如表 3-9 所示。

表3-9 互评排名表

姓名	不知道不计分	不知道计分
张█	6.2	6.3
张█	7.8	7.5
董█	7.9	7.4
刘█	8.0	7.4
张█	8.0	7.6
乔█	8.1	7.5
陈█	8.2	7.8
张█	8.4	7.9
边█	8.6	7.9
郑█	8.7	8.3
张█	8.9	8.7
王█	9.1	8.8
尚█	9.3	8.8

讲完了面试测评体系、试用期测评体系,那么对于正式员工,用不用做测评呢?

测评是一个持续的过程，尤其是工作能力互评，可以根据公司的 OKR 周期同步进行。

小程序"飞书"上的"360°工作环评和绩效评价"功能与我们的工作能力互评殊途同归，本质上是一样的。相对来讲，小程序"××千里马"上面的部署和实施，操作起来更简单。实施飞书的绩效评价系统时需要百人团队，而××千里马的评价体系只需要 5 人以上就可以进行。

第三节　面试流程和面试现场

一、面试流程

随着网络技术的发展，现在很多面试也不再像以往那样必须面对面进行，而是采用了远程面试的形式。

使用××千里马的面试测评功能可以方便地进行远程面试初筛，节约面试官和应聘者双方的时间。对面试官来说，以前一天可以面试10个人，现在一天可以面试上百人。对应聘者来说，可以省去交通费用，即使人在外地，也可以方便地进行面试。

视频面试与常规面试不同。在视频面试中，肢体语言和个人气场变得难以阅读。技术故障和候选人周遭的环境可能干扰重要的谈话。眼神交流也几乎是不可能的。那么，如何确保在远程面试时收集到真实的信息？可以参考以下7个步骤，你将很快找到窍门。

1. 准备远程面试所需的沟通方式

设置首选的视频聊天应用程序。在面试开始前做好准备。先与同事进行几次测试，以保证视频通话质量。

请确保以下所有操作步骤不会出现故障：①为视频通话创建"房间"，发送邀请或创建链接；②加入预先安排的视频通话；③打开和关闭相机；④打开和关闭音频；⑤共享您的屏幕；⑥更改背景（如果需要）；⑦结束或离开会议。

以上操作看起来非常简单，但有些临时性的故障会分散我们的注意力。我们的目标是把精力集中在进行面试本身，比如邀请候选人发送视频链接并安装耳机设备等，应该像握手一样简单和自然。

2. 让求职者容易做好准备

提前几天让求职者知道您将使用什么软件面试，以便他们有时间做准备。通知时提醒他们是否需要下载应用程序或注册账户才能参与。

面试的过程让人神经紧张，大多数人在视频中的自我意识(害羞)会被放大。因此，应该尽量降低求职者在镜头前的焦虑。让求职者提前了解面试中可能被他们忽略的任何事项。例如，①其他团队成员将加入您的通话吗？②在面试期间，您是否需要求职者展示任何技能或出于任何原因分享他们的屏幕？③您希望从这次面试中了解他们什么？④他们应该准备讨论什么？⑤如果您和求职者在不同的时区，请确保双方在会议开始时在指定时区。

在进行工作面试前，面试官一般会设定一个期望值。应该将远程面试时的期望值放低一点，这一点尤其重要。让求职者尽可能轻松地展现他们最好的一面，这样双方都会受益。

3. 如何处理技术故障

如果在面试中视频通话出现故障，你会怎么做？是重新连接，还是重新安排面试？一个很好的选择是尝试关闭视频，仅使用音频。当然，除了有一个切实可行的预备方案外，处理故障还需要持有乐观的心态。不管是什么原因，求职者都可能会因此而感到慌乱，担心你把这看作不合格的信号。

4. 对着镜头交流

即使是团队领导，也可能在视频电话中被冷落，因为在视频中，细微的表达交流方式将失效。要尽可能地通过面部表情和注意力来表达热情和兴趣。比如经常微笑或点头，表示你正在倾听。说话时要面对着镜头，不要只顾看着视频中对方的脸。甚至可以在头像上打马赛克，这样可以使大家更容易关注求职者。

5. 准备一个面试脚本

在面试之前制定一个大纲。在远程面试中可能会遇到很多突发事件，比如屋外的警报声、噪声、设备故障等，这些情形都将影响面试进程。有一个结构完整的面试大纲，就能够快速地从意外中回到正轨上，也就不太可能因为突然的中断而失去思路或忘记问某个重要的问题。

6. 站在全局的角度看待面试

即使你努力让远程面试的求职者感到轻松，依然会有一些人无法在镜头前表现真实的自己。如果在摄像头前表现出色是岗位的要求之一，那么你就可以及时中止尴尬的视频面试。如果通过对方简历你对候选人产生极大兴趣，但又担心他们在面试中看起来不自然，那就得在面试中深入挖掘他们的信息，或者改为更直接的提问方式："您的思路似乎不够清晰。这是您的真实经历，还是这样的面试方式让您感到不舒服？"如果觉得面试没让你清楚地知道应聘者是否适合你公司的文化，可以使用社交媒体背调服务功能，收集更多信息，以确认自己的判断。

二、现场面试

当 HR 对应聘者进行面试时，除了具备相关的专业知识以外，更需要掌握一些面试技巧。

1. 面试前

（1）准备好跟应聘者和与公司有关的资料。

①提前联系应聘者时，要提醒对方携带个人简历（及作品）。

②准备好公司的宣传手册等资料。

③添加应聘者的微信，方便之后联络。如果应聘者不适合本岗位，要做好备注，也可以放入人才储备库。

（2）了解自己在面试过程中担负的职责，比如自己负责哪个环节的面试或面试中侧重的方面等。

（3）了解招聘岗位的用人标准，最好由 HR 与用人部门共同制定职（岗）位说明书。

（4）充分了解哪些问题与应聘者的素质、技能和水平相关，准备合适的面试题目、笔试题目、情景模拟等，并估算好每个环节所需时间。

（5）做出时间安排，HR 与用人部门配合，确定面试小组成员。

2. 面试中

（1）HR 了解应聘者。

①主动向应聘者打招呼，将你的姓名和职位告诉对方。

②阐述此次面试的环节和面试小组成员的职位。

③不要直观地问简历上已有的信息，可以选择关键点让应聘者详细介绍（本环节可以辅助背景调查）。

④对关键问题进行记录，比如薪资要求、通勤交通、专业水平、经验程度等。

⑤除固定的测试题外，可以问一些工作内容之外的问题，以考察应聘者的性格、情商、沟通水平等。

例如，面向应届生的问题。

A. 大学期间，你有没有参加过社团活动？是兴趣所致，还是学分需要？

B. 大学期间，你有没有参与过社会活动，如兼职等。如果有，是哪方面的兼职；如果没有，你的业余爱好是什么？

例如，面向非应届生的问题。

A. 你是否制定过比较完整的个人职业规划？比如，是在某行业内发展，还是在不同行业的相关岗位发展？

B. 之前每份工作的离职原因，以及导致应聘者离职的原因是什么？

C. 你喜欢这个职位的哪些方面？不喜欢的是哪些方面？

（2）向应聘者介绍公司。

主要包括公司的主营项目；公司的人员架构（不同岗位的办公场所及位置）；公司的企业文化与发展历程；公司的发展前景与方向等。

（3）向应聘者介绍应聘岗位。

比如，应聘者的职（岗）位说明书；公司提供的福利待遇与基本规章制度；薪资待遇区间、绩效考核办法及薪酬结构；是否存在出差、加班和周末不休息等问题；能获得的培训和未来发展的机会；直属领导的简单背景介绍。

（4）测试环节。

可以根据岗位需求进行测试，例如技术岗，可以进行作品展示介绍、上机测试；销售岗、客服岗等，可以进行情景模拟话术演练；接待岗、秘书岗等,可以进行应变能力测试。

3. 注意事项

(1) 尊重面试者。

面试是双向的,是双方了解彼此的过程。因此首先要摆正自己的位置,不要给人盛气凌人的感觉。其次,要尊重对方。因此面试前要做好功课,要大致了解一下面试者的简历,千万不要临近面试了,还不知道对方的姓名、应聘的岗位等。在面试开始时,要简明扼要地介绍自己,道理跟主人向登门拜访的客人介绍自己一样。

(2) 让面试者尽快进入状态。

如果面试者的性格比较内向或少言寡语,例如在面试工程师类的岗位时,要尽快让面试者放松下来,比如可以幽默一下,或者说说今天的天气、新闻等。以便让他们进入状态,确保正常发挥。为了让面试者放松,可以让他们做个自我介绍,但结果很可能会适得其反,没做过准备的人可能会因此紧张得不知道从何入手。

(3) 多听少说,但不失控制权。

在面试过程中,面试官不停地发问,看起来十分主动,其实不一定能从面试者身上得到有效信息。如果面试官比面试者说得多,那么到底是谁在面试谁呢?最有效的方法是让面试者多讲,面试官一边倾听,一边根据情况提问,引导并控制面试者的话题走向。

（4）留点时间。

无论是否做出了录用或不录用的决定，都要给面试者一个提问的机会，而且要认真应答。即使决定不录用面试者，仍然要完成这最后一关，千万不要低估他们的口碑对公司造成的影响。

第四节　末位淘汰和解聘

一、人才密度

极高的"人才密度",是企业成就卓越的关键。

那么,究竟什么叫人才密度呢?举个例子,在体检的时候,会涉及一个叫作"骨密度"的检测项目。如果一个人的骨密度数值很低,容易导致骨质疏松,运动力下降,甚至不能活动。

人才密度,指的是企业中人才的能力密度,是优秀人才的数量在组织中所占的比例。也就是说,优秀人才越多,组织的人才密度越高。

关于人才密度,有两个重要数据:一个就是优秀人才(含极优人才)占全部人才的比例;另一个就是基本匹配(含完全匹配)岗位的人才占全部人才的比例。而对于匹配度只有30%的大多数企业来说,第二项数据更加务实。也就是说,必须首先将基本胜任现有岗位的人才比例提升上去;

其次，再快速提高拔尖人才的比例。否则，个别优秀人才的价值创造能力会被大量的"猪队友"抵消殆尽。

人才密度决定着公司的发展速度，也决定着学习的天花板。很多小型民营公司和外企，虽然员工觉得不错，但公司里没有精英。这样的公司，应聘者一般都不愿意去，因为其发展前景不乐观。

为什么北京市海淀区容易出创业独角兽公司？为什么华清嘉园和知春路的锦秋家园是创业圣地？原因是这些地方的人才密度足够高，分布着很多高校，有清华、北大、人大、北航、北理工、北邮等，这里可看作中国的硅谷，招聘到高端人才的概率大于其他地区。正因为北京市海淀区的人才密度高，所以这里才诞生了百度、京东、美团、今日头条等诸多互联网巨头企业。

作为生产要素，劳动力只有流动起来，才能发挥更大的价值。要想提高公司的人才密度，就必须不断地招聘和解雇。那么，如何才能提高人才密度呢？

1. 设定合理的退出机制

要想提升企业的人才密度，最快的方法就是舍弃不匹配岗位要求的员工。以下两类人就是需要辞退的员工。

第一类人，其行为与公司的核心价值观不符。

（1）这类人喜欢发牢骚，整日怨天尤人，无论遇到什么问题，总是抱怨这抱怨那，从来不会主动解决问题。

（2）很难跟其他人合作。某个人如果不善于跟团队中的其他人打交道，他就不适合在团队中继续工作。

（3）破坏组织规则。他们不喜欢团队制定的规则，这类人只能通过具体制度来约束，包括各种处分，直至辞退。

第二类人，其行为与岗位的能力要求不符。

能力不达标的人，通常有两个显著的行为特征：一个是重复犯同样的错误，屡教不改；另一个是一件事情经过反复沟通，他却依然搞不明白究竟该如何去做。

2. 把好入口

要想选对人，就要把握以下3个要点。

（1）增大人才的流量。只有基本符合岗位要求的候选人的数量足够多，才能从中挑出最合适的人才。如果只有1~2个候选人，基本上就没得选了。但如果一个岗位有5~10个基本符合要求的人选，就可以从里面找出最匹配岗位的那个人才。

增大流量的最佳方式就是定向爆破，这也是华为、腾讯、阿里等公司擅长使用的方法，即先找到最匹配的人才的主要源头，实现人才的"批量化采购"。

（2）选对人才。首先，通过人才画像来明确究竟需要什么样的人；其次，通过结构化的行为面试，把最合适的人才快速准确地甄别出来。

（3）强化人才吸引力。如果公司本身实力不强，如何才能把优秀人才引进来？

首先，要将有限的钱花在最关键的人才身上，不能眉毛胡子一把抓。

其次，要为人才提供更多的发展机会和更大的发展空间，充分利用期权和股权等长效激励手段，营造出比其他企业更好的工作氛围。

3. 重视梯队建设

可以先从管理者和重要的专业人才入手。比如，华为当年就是先从干部和研发技术这两个通道建立任职资格体系，逐步做到了"家有余粮，心中不慌"。

二、死海效应

企业发展到一定阶段，能力强的员工容易离职，出现这种情况是因为他们对公司内一些行为的容忍度不高，而且他们容易找到好工作；能力差的员工多半会选择留在公司，即使他们离职，也不太好找工作，这样在公司待几年后，获得了一定资历，就能熬成中高层。这种现象就是"死海效应"。

该理论最早由布鲁斯·韦伯斯特提出，他发现许多企业都在纠结如何解决这件事，造成这种情况的原因就是寻找和招聘最好的员工，但即使能找到和招聘到杰出的员工，真正的问题是：企业是否能长久地留住这些人？

好员工仍然会像死海的水一样蒸发掉，死海的盐度就会变得很高，使正常生物不容易存活。平庸的员工虽然大多能按部就班地完成工作任务，但其带来的影响绝不仅仅是导致团队的业绩平平。这类员工的存在，至少会从以下几个方面影响团队的发展。

（1）造就更多的平庸。会给团队营造出一种"无欲无求"的氛围，还可能影响身边能力绝佳但定力不足的同事，一起沦为平庸员工。相反，如果团队的人才密度高，每个员工的身边都是工作能力出色、表现优秀的人才，就能营造良性的工作氛围，优秀的人之间还可以相互鼓励、相互学习。

（2）会浪费管理资源。如果团队中存在太多的平庸员工，管理者就得想办法通过制定规则的方式约束他们的行为，需要设计各种激励方式去刺激他们的工作动力。相反，裁去这部分平庸的员工后，优秀人才的自驱力足够强，团队就可以精简管理流程，节省管理成本，增加优秀人才的薪资福利。

（3）容易出现"劣币驱逐良币"的现象。一旦平庸的人走上管理岗位或人力资源相关岗位，不仅会影响自己的工作，还可能导致团队中优秀人才的流失，造成"劣币驱逐良币"。但如果团队里的优秀人才更多，优秀员工通常都愿意与更优秀的人为伍，互相鼓励、互相学习。苹果公司的创始人乔布斯曾经说过："我过去常常认为一位出色的人才能顶两名平庸的员工，现在我认为能顶50名。"

如今，很多上市公司尾大不掉，如果砍掉一半人，照样能运作，但就是没法裁员，因为"裁员=倒闭"；而且，经济性裁员还需要备案，要严格按照现行《中华人民共和国劳动合同法》办事，需要支付巨额赔偿金，一般企业都无法承受。

"死海效应"会让中小型企业越来越走入迷境中的死循环，也是众多决策者的无奈之举，但他们又无法打破这个枷锁，甚至只能这样一直饮鸩止渴。

末位淘汰制就像自然界中残酷的生存法则一样，弱肉强食，适者生存。看到以前跟自己朝夕相处的同事被公司开除而黯然离开的时候，其他人不免人心惶惶，却能极大地调动员工的积极性，增强企业的竞争力。

1. 关于末位淘汰制度

末位淘汰制的创始人是有着"世界第一 CEO"之称的杰克·韦尔奇，该制度也被称为活力曲线和 10% 淘汰率法则。该规则将员工分为 A、B、C 三类，分别对应优秀员工、合格员工和不合格员工。不合格的员工占 10% 左右，是最后被淘汰的人选。很多老员工曾为公司做出了很大的贡献，但随着时间的推移，他们的工作热情逐渐消退，工作能力也在下降，如果让他们继续待在公司里，公司的竞争力多半会下降，这对公司中的其他人来说是非常不公平的。

末位淘汰制是一个非常高效的管理制度。虽然很多人认为它不人道，但韦尔奇认为,这种考核制度能有效地增强企业和员工的活力。面对末位淘汰制,所有员工在对待工作时都不敢掉以轻心。

举个例子,华为的绩效考核分为A、B、C、D 4个等级,A级员工占5%,B级员工占45%,C级员工占45%。这3个等级的员工全部视作合格,剩下的5%在D级,属于不合格。华为规定,连续几个月被评为C档或末位档的员工将面临真正的降级或淘汰。这些员工不仅会被降职,奖金其数额也会减少。通过这种方式,任正非使企业保持活跃状态,并确保了团队人才的更新。

2.末位淘汰制的优势

末位淘汰制作为一种绩效考核与激励方法,目前在世界500强企业中被广泛应用,在中国也受到了很多企业的追捧。对企业来说,末位淘汰制具有以下几大优势。

(1)提高员工的工作效率

没有竞争、没有激励的企业是缺乏生机和工作效率低下的,实施末位淘汰制就是在实行一种强势管理机制,把被淘汰的压力在一定程度上转变成员工工作的动力,激发员工的危机意识和竞争意识,提高员工的积极性和主动性,有利于建立精英团队。末位淘汰制发挥的"鲇鱼效应",使员工有一种"只要不努力工作就会被淘汰"的紧迫感与压力,使企业处于一种激活的状态,可调动员工的积极性、主动性和创造性。

(2)合理淘汰,精简组织

在人员过剩的情况下，企业难免会存在人浮于事的情况。在这种情况下，精简分流是解决这个问题最有效和最直接的办法之一。通过将末位淘汰制对不同绩效级别的员工实施，可以剔除不适合团队的人员，净化员工队伍，实现优胜劣汰和团队的整体优化。

（3）减少管理成本

如果企业内部的管理方法不完善、人力资源管理的基础比较薄弱，要想实施有效的绩效考核，一般要进行系统的工作流程分析和岗位职责调查，为此企业需要承担较大的成本，而且实施周期较长。推行末位淘汰法，相对简单并行之有效。

3. 末位淘汰制度的建立

企业制定末位淘汰制度需要提前做好准备，否则很容易引起员工的群体抵制，甚至闹出纠纷。

末位淘汰制度的建立，步骤如下。

第一步，进行人才摸底。人事部对员工进行"综合测评＋工作能力互评"，由此看一下员工的工作情况和综合素质。不过，笔者针对企业家的一项调查显示，企业家普遍认为HR不可能制定一项对自己不利的制度。所以，在制定末位淘汰制度之前，最好先优化人事部门的人员。

第二步，人事部门先做实验。先在人事部门执行OKR、工作能力互评等，如果人事部门严重抵触，就可以更换人事部门的负责人，以便减小后期推行末位淘汰制度的阻力。

第三步，落实到合同中。末位淘汰制不合法，企业只能先做末位调岗，但调岗也不合法，是否可以调岗、怎么调，都需要在劳动合同里明确约定。因此，为了避免后期出现纠纷和麻烦，关键是要更新劳动合同和《员工手册》。

第四步，全员人才摸底。人事部门对各部门人员进行综合测评和工作能力互评，并对工作能力互评进行排名。这时候，暂时不要公开测评结果。

第五步，对管理人员和关键岗位的员工进行内训。不仅要培训教练体系、目标管理、奋斗者精神、制度和流程、搭建企业知识库，还要梳理公司制度和流程，做到任何一个人离开都不会对公司的业务造成负面影响。这一步非常关键，如果做不好，那末位淘汰制度就无法实施。而且，任何一个员工离开，都可能导致业务瘫痪。只有梳理好流程、使工作标准化、制定相关的培训文件和视频、搭建完企业的知识库，才能接着进行后面的步骤。

第六步，签订《奋斗者协议》。要求管理人员和关键岗位的员工签订《奋斗者协议》《末位调岗制度确认书》等，如果不愿意签订，就不要再让其担任管理岗位。协议内容可以参考华为的《奋斗者协议》。在这一步中，只有先从企业的关键岗位入手，牢牢抓住关键岗位的员工，才能掌握主动权。协议的签订虽然有难度，但只要完成了这一步骤，末位淘汰制度的执行就基本稳妥了。

第七步,"培训+考试"结合。进行全员培训,并建立教练体系和目标管理体系。在新员工入职前,必须要求其签订《奋斗者协议》《末位调岗制度确认书》等。

第八步,定期述职。采用目标管理和末位淘汰制度等方法,逐步完成人员换血,不断提高企业的人才密度。

末位淘汰制度的推行和实施总会遇到阻力,在具体推行的过程中,企业家要有足够的魄力。

末位淘汰制度特别适用于研发岗位、创新业务岗位、管理岗位。这类岗位也适合用OKR进行管理。末位淘汰制度并不适用于销售岗位、计件生产岗位等,因为这类岗位的基本工资往往很低。员工的收入和绩效完全挂钩,所以不需要执行末位淘汰制度。此外,末位淘汰制度也不适用于主要依靠业绩分红获得收入的岗位。

4. 末位淘汰制和员工价值

末位淘汰制度和员工价值,二者看似不相关,其实它们是有联系的。比如,某员工在这个岗位上被淘汰只代表他不适合这个岗位,并不代表他不适合其他岗位的工作。员工只有找到最适合自己的工作,才能发挥最大的价值。

企业是社会的细胞,只进不出的细胞必然会出现水肿。那么,具体怎么做团队的末位淘汰?可以采用OKR和××千里马小程序。前面介绍的××千里马小程序里面的工作能力互评工具,在这里就可以用到,可以这样规定：团队内连续评分处于末位的成员，就可以被淘汰或调岗。

5. 末位淘汰制度执行的前提

末位淘汰制度执行的前提如下。

（1）薪酬设计要有一定的吸引力，要根据员工的能力来设定工资等级，将企业利润和员工的收入挂钩。

（2）流水不腐，户枢不蠹。只有不断地招聘新人，才可以进行末位调岗。

6. 末位淘汰制度的要点

（1）连续三次评分最低，每次测试间隔1~3个月；或年度评分排名末位。

（2）应横向比较评分，即团队内部成员之间的评分比较，而不是上下级比较。

（3）评分人员的选择：有工作交集的优先，在工作中存在上下游关系的优先。

（4）评分人员的数量：5~10人。

（5）对于每次评分最低的人，要进行人事约谈，连续两次评分最低，人事部门要招聘储备人才。

（6）HR的评分只能在HR之间比较。HR不参与业务团队内部的评分。

（7）新人入职的第一个月不参与评分排名。

（8）配合OKR使用，每天组织团队会议，同步工作进展。

（9）在团队人数少于最低支撑人数的时候，由人事委员会评估是否需要调岗。

（10）容易量化的工作，优先按照量化标准进行评分；不容易量化的工作，优先按照××千里马工作能力互评打分。

（11）打分的结果对个人公开，打分的排名在团队内部公开。

三、解聘

对不胜任者的纵容与仁慈，就是对其他成员的不公平，也是对整个组织的不负责任。所以，团队领导者在抱着治病救人的态度给予后进员工特别的辅导与帮助后，如果其仍无法胜任本职工作，那就非常有必要立即执行末位辞退制度了。

1. 与辞退的员工沟通

（1）沟通材料的准备

当HR在与员工进行辞退面谈之前，要按顺序放好与员工有关的所有资料，准备好不同版本的"协商解除劳动合同协议书""单方解除通知书"、录音笔、签字笔和白纸等相关材料。

"协商解除劳动合同协议书"应该包括如下要点：解除合同由谁提出，注明双方经过协商达成一致，以及经济补偿金的细节、工资结算的方式和解除劳动合同的时间，还有解除劳动合同之后员工需履行的义务，等等。

如果公司有法律顾问，HR最好把这份协议书交给法律顾问过目甚至可以让法律顾问来起草。因为这份协议书对于保护公司利益来说是非常重要的证据，所以HR在拟订"协商解除劳动合同协议书"时一定要慎之又慎。

（2）了解沟通对象

HR要充分了解沟通对象，如员工的个性和家庭情况，还有他对被辞退这件事的态度和反应。了解到这些信息之后，HR就可以预测面谈时该员工的情绪反应，并做好应对措施。

（3）沟通人员的构成与分工

在与员工进行辞退面谈时，HR要明确自己与员工直属领导之间的分工，想清楚是一起谈还是分开谈，如果是一起谈，那么谁是主谈、谁是副谈？如果是分开谈，那么谁先谈、谁后谈？

在面谈的过程中，HR扮演的是第三方或协调者的角色，不要把自己代入直属领导或管理者的角色中，一旦让员工觉得HR站在了他的对立面上，谈判就会变得特别困难。

（4）设计沟通方案

每个员工的心态不一样，有的人比较直接，有的人喜欢绕弯子，因此HR要根据员工的心态多准备几套方案，其中一定要设计一套兜底性的方案。同时，HR要做到具体问题具体分析，选择最佳的沟通切入点。

（5）沟通时间的确定

尽量选择员工比较放松的时间（如周五下班后）进行辞退面谈，时长以半小时为宜，避免将节假日前后或员工有家事的时期作为开展辞退谈判的时间节点。

（6）沟通地点的选择

HR要根据不同的情况选择不同的沟通地点。总体原则是尽量选择氛围轻松、光线明亮的空间。

（7）其他准备工作

HR一定要了解欲辞退的员工的特殊性，即该员工所处的是否是敏感岗位，他的精神状态和身体状态是否正常，并有针对性地准备好应对措施。尽量避免和员工发生正面冲突。如果员工出现过激行为，HR要注意保护自身安全。

2. 辞退面谈时要把握好的原则

（1）要么不做，要做就做彻底

HR一定要敢于坚持原则，敢于唱黑脸，不要怕得罪人。既然公司已经做出了辞退的决定，就不要再有任何情感上的犹豫与纠结。总之，HR在和被辞退的员工沟通时，千万不要拖泥带水，一定要"快刀斩乱麻"，避免让自己陷入被动。

（2）把握好透明性

在面谈一开始，HR就要做到开门见山，直接向被辞退者说明其被辞退的原因。辞退原因必须是非常清楚和透明的，是完全基于其业绩上的不良表现的客观事实的，也是完全聚焦于双方曾签字确认过的绩效数据本身的，不是刻意针对被辞退者个人的，更没有任何私人恩怨夹杂其中。同时，HR要强调，企业会严格按照国家相关劳动法规要求给予被辞退者一定的补偿。换句话说，辞退面谈沟通要让事实和数据说话。

（3）把握好圆通性

在进行面谈之前，HR最好先处理好自己的心情。HR在和被辞退者面谈时，要引导被辞退者将注意力转移到解决问题本身上来，要注意用平和的语气，不要去比较或谈及第三人，不要对员工的性格等方面做出任何主观性评价，更不要对其进行指责或嘲讽，以免被辞退者产生不必要的情绪性对抗，使辞退面谈节外生枝。总之，做辞退面谈时，HR应适当地满足被辞退者合理的物质需求和心理需求，并引导其顺利离开团队。

3. 辞退员工后期的情绪管理

HR应该如何做好辞退员工后期的情绪管理呢？

（1）多一些耐心和理解

对于员工来说，被辞退是一个不小的打击，HR应多站在员工的角度想问题，多一些耐心，多一些理解。

大多数员工在接到辞退通知后会向公司讨个说法，HR要提前准备好应对话术，从容不迫地解释给他们听。很多时候，离职不一定是员工的错，也有可能是公司的错。尤其是在创业企业中，人力资源管理会很随意，CEO 有权以任何理由把任何一个员工开除，所以 HR 要尽可能地诚实一些、耐心一点，提前想清楚辞退员工的理由，避免陷入无休止的纠纷中。

要做好员工被辞退后的情绪管理，HR 还要慷慨示人。除非员工道德品质低劣或犯下重大错误，HR 都要表现出最后的慷慨。比如，公司可以给员工一些遣散费，尽管公司政策或合同里没有这样的规定；公司可以给员工一些股票，即使公司没有义务这样做；要把离职定格在尽可能缓和的氛围内；可以在员工走的时候给他们鼓励和帮助。

（2）开诚布公地沟通

将辞退信息通知员工，且做完"离职员工交流"后，HR 就要立即与公司中可能会受到波及的员工接触，进行公司内部的事后沟通。在沟通过程中，HR 前后的说辞要一致，要以理服人，不能人前一个说法，人后另一个说法。一旦 HR 前后的说法不一致，员工很快就会知道 HR 在欺骗自己，结果可想而知。

四、国企和事业单位的共生策略

国企和事业单位中的终身雇员（编制人员）是无法解雇的，如果私企想解雇无固定期限的劳动关系，要面临巨额的赔偿金。这时候，我们无法执行末位淘汰制度，怎么办？可以采用一种共生策略。就是把需要末位淘汰的人调到最边缘的岗位上，进行集中管理，只要不影响单位核心业务的正常运转即可。这种共生策略是现阶段的一种折中的办法。

我们给出的解决方案如下。

（1）解聘工作必须要做在平时，如果是集中解聘，不仅会得到一片骂声，还会产生很多劳动纠纷。

（2）自有的HR不能提供解决方案时，可以向第三方HR寻求帮助。

（3）对于国企和事业单位的编制人员，目前只能采取共生策略。

（4）完善劳动合同，采用薪酬包等策略。

（5）千万不要盲目执行网上给出的解决办法，比如待岗、调薪、调岗等。那样不仅容易产生劳动纠纷，最后面临的赔偿金也会比你预想的高很多倍。

所以，解聘工作一定要在专业人士的指导下进行。

第五节 劳动合同法与企业用工风险规避

外卖平台企业的所有外卖员采用的都是劳务外包模式,而且还是异地签署劳动合同。如此一来,如果某外卖员出现恶性交通事故,作为平台方的企业就要赔付上百万元。因此,一定要做好企业的测评中心,坚决剔除不符合企业价值观的人员。

不过,即便如此,为了减少麻烦,企业也要注意劳动合同中的常见问题。因为大多数企业的领导都忙着创新,忙着做事儿,根本没时间去研究《中华人民共和国劳动法》。

一、企业用工的典型风险

我们现在遵循的《中华人民共和国劳动合同法》是2008年才开始实施的,所以在2008年以前并没有出现很多劳动纠纷。2008年以前执行的《中华人民共和国劳动法》是一个纲领性文件,它对劳资双方都有保护。

下面我们列举一些企业可能面对的典型风险。

《中华人民共和国劳动合同法》第十四条，关于无固定期限劳动合同的约定。

第十四条　无固定期限劳动合同，是指用人单位与劳动者约定无确定终止时间的劳动合同。

用人单位与劳动者协商一致，可以订立无固定期限劳动合同。有下列情形之一，劳动者提出或者同意续订、订立劳动合同的，除劳动者提出订立固定期限劳动合同外，应当订立无固定期限劳动合同：

（1）劳动者在该用人单位连续工作满十年的；

（2）用人单位初次实行劳动合同制度或者国有企业改制重新订立劳动合同时，劳动者在该用人单位连续工作满十年且距法定退休年龄不足十年的；

（3）连续订立二次固定期限劳动合同，且劳动者没有本法第三十九条和第四十条第一项、第二项规定的情形，续订劳动合同的。用人单位自用工之日起满一年不与劳动者订立书面劳动合同的，视为用人单位与劳动者已订立无固定期限劳动合同。

也就是说，从订立第三次劳动合同开始，就已经视为无固定期限劳动合同了。

《中华人民共和国劳动合同法》第十九条，关于试用期的约定。

第十九条　劳动合同期限三个月以上不满一年的，试用期不得超过一个月；劳动合同期限一年以上不满三年的，试用期不得超过两个月；三年以上固定期限和无固定期限的劳动合同，试用期不得超过六个月。

同一用人单位与同一劳动者只能约定一次试用期。

以完成一定工作任务为期限的劳动合同或者劳动合同期限不满三个月的，不得约定试用期。

试用期包含在劳动合同期限内。劳动合同仅约定试用期的，试用期不成立，该期限为劳动合同期限。

可以这样理解：试用期按照6个月，也就是3年以上的劳动合同其实是对企业最有利的，因为有足够的时间考察员工的价值观和工作能力。

在第四十六条中规定劳动合同正常结束，企业要支付N个月的经济补偿金。

可见，在员工转入无固定期限劳动合同之前，在任何时间点解聘都要支付N倍经济补偿金。当然如果员工不同意你的解聘方案，你就属于非法解聘，这时候要支付2N倍的赔偿金。

第三十八条　用人单位有下列情形之一的，劳动者可以解除劳动合同：

（1）未按照劳动合同约定提供劳动保护或者劳动条件的。

（2）未及时足额支付劳动报酬的。

（3）未依法为劳动者缴纳社会保险费的。

（4）用人单位的规章制度违反法律、法规的规定，损害劳动者权益的。

（5）因本法第二十六条第一款规定的情形致使劳动合同无效的。

（6）法律、行政法规规定劳动者可以解除劳动合同的其他情形。

用人单位以暴力、威胁或者非法限制人身自由的手段强迫劳动者劳动，或者用人单位违章指挥、强令冒险作业危及劳动者人身安全的，劳动者可以立即解除劳动合同，不需事先告知用人单位。

在劳动纠纷案件中，员工被动解除劳动合同依据的条款基本上就是第三十八条，调岗调薪、变更工作地点都属于未按照劳动合同约定提供劳动条件，这时候公司需要支付员工一定数额的经济补偿金。

因此，企业在对员工进行调岗、调薪、待岗和变更工作地点时，都要提前在劳动合同里约定。

第四十条 有下列情形之一的，用人单位提前三十日以书面形式通知劳动者本人或者额外支付劳动者一个月工资后，可以解除劳动合同：

（1）劳动者患病或者非因工负伤，在规定的医疗期满后不能从事原工作，也不能从事由用人单位另行安排的工作的。

（2）劳动者不能胜任工作，经过培训或者调整工作岗位，仍不能胜任工作的。

（3）劳动合同订立时所依据的客观情况发生重大变化，致使劳动合同无法履行，经用人单位与劳动者协商，未能就变更劳动合同内容达成协议的。

很多企业以劳动者不能胜任工作为借口，对员工进行培训或调整工作岗位，如果员工依然无法胜任工作，就会解除劳动合同。也就是说，按照这一条去解聘，胜诉的概率甚至都达不到1%。究其原因，就是公司没有足够完善的配套考核机制证明员工不能胜任工作，调岗前后不仅要进行考核对比，还要提供数据支撑。而且，目前的法律环境是偏向劳动者的，即使提供了数据，胜诉的概率也不大。

所以，企业不要轻易尝试，一旦员工胜诉，劳动纠纷期间员工的工资一分都不能少。

第四十六条　有下列情形之一的，用人单位应当向劳动者支付经济补偿：

（1）劳动者依照本法第三十八条规定，解除《劳动合同》的；

（2）用人单位依照本法第三十六条规定，向劳动者提出解除《劳动合同》并与劳动者协商一致解除劳动合同的；

（3）用人单位依照本法第四十条规定，解除劳动合同的；

（4）用人单位依照本法第四十一条第一款规定，解除劳动合同的；

（5）除用人单位维持或者提高劳动合同约定条件续订劳动合同，劳动者不同意续订的情形外，依照本法第四十四条第一项规定，终止固定期限劳动合同的；

（6）依照本法第四十四条第四项、第五项规定，终止劳动合同的；

（7）法律、行政法规规定的其他情形。

第四十七条　经济补偿按劳动者在本单位工作的年限，每满一年支付一个月工资的标准向劳动者支付。六个月以上不满一年的，按一年计算；不满六个月的，向劳动者支付半个月工资的经济补偿。

劳动者月工资高于用人单位所在直辖市、社区的市级人民政府公布的本地区上年度职工月平均工资三倍的，向其支付经济补偿的标准按职工月平均工资三倍的数额支付，向其支付经济补偿的年限最高不超过十二年。

本条所称月工资是指劳动者在劳动合同解除或者终止前十二个月的平均工资。

第四十八条　用人单位违反本法规定解除或者终止劳动合同，劳动者要求继续履行劳动合同的，用人单位应当继续履行；劳动者不要求继续履行劳动合同或者劳动合同已经不能继续履行的，用人单位应当依照本法第八十七条规定支付赔偿金。

按照第四十八条规定，在劳动者不同意解除劳动关系的情况下，只要不是协商解除，就是违法解除劳动关系，企业要支付2N倍的赔偿金。所以，在一些地区赔偿金多达上百万元非常常见，至于最高赔偿金，是经常被突破的。

第八十二条　用人单位自用工之日起超过一个月不满一年未与劳动者订立书面劳动合同的，应当向劳动者每月支付二倍的工资。

用人单位违反本法规定不与劳动者订立无固定期限劳动合同的，自应当订立无固定期限劳动合同之日起向劳动者每月支付二倍的工资。

第八十七条　用人单位违反本法规定解除或者终止劳动合同的，应当依照本法第四十七条规定的经济补偿标准的二倍向劳动者支付赔偿金。

1. 关于年假

很多企业过年都会放年假，但没有特别的书面通知，一旦发生劳动纠纷，员工请了风险代理律师，即使企业放了年假，也可能会说企业没有放年假，员工就会以未休年假为由获得300%的工资补偿＋滞纳金。现实中，我们经常会遇到仅年假部分的赔偿就高达十多万元的案例。就是因为企业无法证明给员工放了年假。

记住，没有书面形式的证明，只有口头证明是无效的。

2. 关于加班

加班、打卡记录的举证责任在公司。如果拿不出打卡记录，法院会以员工提交的加班记录为准。

关于加班工资，企业最好在劳动合同里约定加班的工资基数，至于未约定工资基数的，法院会以员工实收的工资金额为准。

3. 关于用工风险的建议

（1）创新业务和高薪人员的劳动合同订立在子公司，因此子公司的法人尽量不要与总公司的法人相同，股东也要有差异。

（2）尽快建立公司教练体系，转变用工关系，变劳资关系为教练关系，把公司变成员工成长和发展的平台，因为员工主动离职比公司解聘要轻松得多。

（3）对于大中型企业，劳务派遣和第三方代发工资的方案对风险规避的作用非常有限，公司还需要有第三方 HR 的指点。

4. 关于人事的常见问题

问题1："企业应该如何留住人才？"

答：能力、工资和忠诚是互斥的，很难同时满足。

能力强+工资低+不忠诚：能力很强工资又低的人很容易跳槽或被挖走。

能力强+忠诚+工资高：能力强又忠诚的人一定要有对应的薪酬。

忠诚+工资低+能力弱：一般能力弱且工资低的人忠诚度很好，再找工作也不好找。

问题2："不去985或者211高校招聘，能不能招到人才？"

答：能。因为很多人才有足够的能力，只是因为种种原因，他们没有通过高考进入好学校而已。

问题3："为什么一家公司最少需要三个顶级人才，才能实现可持续发展？"

答：市场、人事和产品等每个方向都需要消耗大量的时间和精力。

问题4："个人兴趣和职业目标不一致，可以吗？"

个人兴趣要和职业目标匹配，才能有更大的发展空间。举例来说，有的人对摄影感兴趣，他们拍的照片也很好看，但他们不会去做职业摄影师。有的人的职业是摄影师，但他们对摄影并不感兴趣，他们之所以会选择这个职业，只是因为他们觉得摄影可以轻松地赚钱。现实中这种人很多,所以真正优秀的摄影师很难找。

二、第三方 HR

1. 什么是第三方 HR

公司老板和投资人为资方,公司员工为劳动者方,简称劳方。公司从外部聘请来的 HR 为第三方。严格意义上讲,以员工为身份的 HR 并不能称为第三方,因为如果 HR 是老板的合伙人,其经常会代表资方的利益;如果 HR 是单纯的员工,则其经常代表劳方的利益,不能代表公司的利益,因为 HR 永远都不会设计对自己不利的制度。所以,从外部聘请的专业 HR,才能称为中立的第三方 HR。

调查显示,70% 的老板对 HR 的工作不满意。笔者以前做 CEO 的时候,也经常感慨 HR 建立的很多制度是在养懒人。如果 HR 是合伙人,其完全代表资方的利益,那么员工又要遭殃了,估计除了"996"以外,员工还可能经常被老板精神控制(PUA)。

所以,在企业中有客观中立的 HR 非常必要。资方和劳方是共生的关系,无论天平向哪一方倾斜都会出问题,因此双方的利益都需要被保护。

2. 第三方 HR 可以解决的问题

(1)减少企业劳动争议问题

2022 年,北京平均每天的劳动仲裁立案超千件,劳资关系非常紧张。

笔者曾遇到过一个员工，入职只有4天，就发生了一点工伤（手指受伤），他的伤势并不严重，却追着公司要各种赔偿，最终的结果是公司赔了4万元，他却仍不罢休。

一些研发团队的负责人，拿着高薪，做着常规的项目，搞了三年科研，结果什么都没做出来，如果公司此时要解雇他，那么他立刻就会追着公司要赔偿。

第三方HR就位后，首先要对公司的劳动合同和《员工手册》进行优化。很多公司的劳动合同都存在着大量漏洞，也没有让员工签署《员工手册》，一旦发生劳动争议，公司只能是"哑巴吃黄连，有苦说不出"。

《中华人民共和国劳动合同法》对公司的保护力太弱，甚至只要公司变更了劳动地点或稍微调整一下员工的工作岗位，比如把一个产品设计师安排兼任平面设计师，都可能会被劳动者仲裁，且公司大概率会输掉官司。

很多公司每年都给员工放年假，但如果公司没在《员工手册》上对年假进行约定，一旦发生劳动争议，为了争取巨额的劳动赔偿金，明明放了年假，员工也不会承认。

之所以会发生如此多的劳动争议，主要原因在于劳动者和企业雇主之间的不信任。劳动者认为只要是上班，就是在遭受老板的剥削，要赔偿是理所应当的；员工产生的损失要由公司承担。

这种劳动争议一般都发生在北上广深等一线城市，因为一线城市的就业机会多，劳动者可以放心地起诉公司；而小城市的就业机会少，而且常常是"人情社会"，劳动者一般不敢得罪企业雇主。第三方 HR 可以尽可能客观公正地去保护双方的利益。

中小型企业的自有 HR 往往不敢得罪员工，畏手畏脚，致使事情进一步恶化。中小型企业中的 HR 只是一个招聘专员 + 行政专员，其往往既不具备劳动纠纷的调解能力，也不熟悉《中华人民共和国劳动法》。所以一旦遇到问题，其不能保护公司的利益，导致公司成为弱势的一方。

（2）帮助企业进行人才盘点

人才盘点能帮助企业分辨出 20% 的优秀员工、70% 的普通员工和 10% 需要调岗或者优化的员工。

那么，什么是人才盘点？怎么进行人才盘点？我们在下一节会重点介绍。

（3）帮助企业解决工作断档问题

只要帮助企业建立知识库体系，就能沉淀工作成果，帮企业建立起新员工培训体系，解决工作断档问题。举个例子，麦当劳、肯德基的新员工之所以上手非常快，就是因为它们有完善的知识库和操作流程，新员工只要经过培训，就可以快速上岗。

（4）帮助客户梳理财务流程、人事流程和业务流程，健全管理制度

一些企业的财务流程非常不完善，财务缺少监管，根本就不知道钱花到哪里去了、业务赚不赚钱、赚多赚少……年底一看，现金没剩多少，只

剩了一堆库存，还都是积压品。采购人员采购办公用品都是一堆一堆的，行政库房堆满了积压的物料，还有情况严重的，由于监管不到位，财务分分钟都能把老板送进监狱。

国内的中小型企业往往不是通过制度和流程去管理，而是通过信任去管理，这也是中小型企业裙带关系严重的主要原因。当员工的思想跟不上企业发展的步伐，就会成为企业发展的绊脚石。因此，企业做好财务流程就显得非常重要了。

至少不能让会计和出纳由同一个人担任。小型企业一般没有专职会计，可以找外边的代理记账，但付款审核是必须有的，财务月报也是必须有的。老板必须知道自己的钱花在哪里了，以及花了多少。

说到人事流程，大多数企业的人事充其量就是一个招聘专员，其对流程一无所知，因此企业需要聘请专业的第三方 HR 做流程。

（5）帮企业解决好新员工的培训问题

花钱找外部的培训讲师对新员工进行培训的费用很高，且效果不好，因为员工的流动性很大，培训完这一批员工，换一批新员工又要重新培训，企业不可能因为某个员工的入职再组织一场培训。有些讲师一堂课收费 20 万元，企业根本负担不起。

在笔者创业的时候，为了给运营部门的小伙伴培训，外聘讲师讲授转化率提升技巧，一堂课两个小时，收费 20 万元，虽然培训的效果非常好，但因为当时企业正处于急速发展期，员工流动性大，不到半年，那些受过培训的员工都走光了。这时候，我们根本就不可能请老师再讲一遍，而且因为培训课程录制得不专业，视频的播放效果很差，根本无法通过视频回放再次培训。

第三方HR会尽力帮助企业打造自己的培训体系。笔者服务的企业要求企业主管和人事都学会制作培训视频。在完成流程梳理以后，他们会辅助各部门制作相关的培训教程，在新人入职以后，由老带新，再加上培训视频的辅助，新人就可以很快上手。

培训和考试密不可分。培训视频的制作一定要配合考试，通过考试检验培训成果。如果没有考试或考核，培训效果一般不会理想。所以，第三方HR有责任落实培训后的考试。

（6）帮助企业建立人才培养、晋升和教练体系

很多中小型企业因为缺少人才培养和晋升体系，导致员工只是机械地做着重复的工作，完全变成了工具人。但人活着的意义并不只在于工作，人应该不断地学习和进步，应该有足够的时间去休闲娱乐和陪伴家人。员工一旦遇到工作环境发生变化，当公司不需要他们或公司需要他们转岗的时候，那些工具人员工就会面临巨大的困境。很多人之所以不愿意转岗，就是因为他们自知自己什么都不会，他们唯一的希望就是公司能多赔一点钱。因此，为了争取各种赔偿，他们会跟公司死磕。所以，如果出现劳动纠纷，也不能全怪员工，公司缺少人才培养体系也是重要原因之一。

第三方HR可以通过工作能力互评、PBC绩效、KPI或OKR、工作日

报等制度，帮助企业搭建目标管理+教练体系。第三方 HR 会引入先进的管理理念，帮助企业培养一批优秀人才，尤其是要帮助企业培养一些教练人才。基层员工通过岗位轮换、培训考试、目标管理会掌握新的技能，为企业创造更大的价值，同时他们也不会担心自己失业以后找不到工作。这就是阿里巴巴的员工和腾讯的员工从企业出来后比较容易找到工作的原因。

（7）第三方 HR 的目标是帮助 CEO 从事务性的工作中解放出来

很多老板事无巨细，喜欢亲力亲为，员工遇到一点小事，也要请示老板，导致老板一年无休，比员工更忙、更累，甚至连周末都没有，年纪轻轻就累出一身病。很多老板也想授权，但员工不想承担责任，即使授权给员工，他们还是会各种请示。而且授权是需要技巧的，并不是所有人都适合授权，轻易地授权只会带来巨额的损失。授权既要经过培训，同时也有技巧。

让员工养成习惯，找领导请示之前先完成三个"做到"，这样就可以培养人才，发现人才，并逐步形成良性授权。这"三做到"分别是：①是否做了调查，可选方案有哪些？②是否组织了内部讨论会，是否已达成一致意见？③如果你是老板，你会怎么决策？

举个例子：

某中小企业效益不好，员工要求休长期产假，领导安排人事和员工谈一下产假期间的工资发放问题。领导想按照最低工资标准发放，员工不同意。员工将每次谈话都进行了录音，如果人事简单地按照领导的意思执行，该企业必然会面临劳动仲裁等严重后果；而且诉讼期间劳动关系处于存续期，如果官司打上一两年，员工则可以白拿一两年的工资。

对于这件事，如果按照找领导前的三个"做到"来执行，HR给领导的回复应该是这样的：某员工月工资10000元，其中基本工资3000元，岗位工资5000元，绩效工资2000元，员工办理产假休假，产假期间的工资问题待解决。

决策背景：按照相关法律规定，员工在休产假期间的工资应该按照前12个月的平均工资发放；劳动合同中有绩效工资的可以只发基本工资，停发绩效工资，但针对绩效工资的停发，各地判例不同，仍然有风险。

方案A：强制按照基本工资发放，将生育津贴差额补给个人。风险高。

方案B：和员工协商按照基本工资+岗位工资发放。生育津贴给公司。风险中。

方案C：按照前12个月的平均工资发放，且生育津贴给公司。无风险。

决策建议：按照方案B执行，找员工协商，争取征得员工同意，避免后期的劳动纠纷。

决策时间节点：2022年3月20日是该员工的预产期，所以需在本周内完成决策。

经过会议决策，就能成功地避免一起劳动纠纷案件，员工的诉求也能得到满足，公司还能减少支出。

3. 寻找第三方 HR 需要注意的事项

（1）第三方 HR 的劳动关系不在本单位，这是一种合作关系，是对本单位自有 HR 的补充。自有 HR 更多的是处理薪酬和招聘事宜，第三方 HR 解决的则是复杂问题。

（2）一定要寻找专业的第三方 HR 公司，签订保密协议，由第三方 HR 公司来提供团队支持，要尽可能避免和个人合作。因为第三方 HR 的工作量和工作强度很大，涉及的领域也很多，包括法律、制度、流程、培训、OKR 等多个领域，很少有人能同时擅长这么多个领域。

三、271 人才盘点

1. 什么是 271 人才盘点

帮助公司厘清现有的人才架构，即 20% 的优秀人才、70% 的中等人才和 10% 的未达标人才。这个人才盘点的过程，就是 271 人才盘点。

为了促进团队成员的积极性，团队中要有一定的压力存在。越是优秀的人，越懂得利用压力促使自己不断进步。要让员工有危机感，这也是要坚定地执行 271 人才盘点的原因，即促进老员工变成明星员工，让处于尾部的员工有压力。

公司中20%的优秀员工有哪些？他自己本人是否清楚？作为管理者，有没有进行过沟通？有没有将其树立为团队的标杆？有没有设定更高的目标？

对于公司中70%的可培养的员工，他们是否知道自己的提升点在哪里？他们对应的优势是什么？是否制订了提升方案？

对于公司中10%的需优化的员工，如何做调整计划？妥善处理的具体行动是什么？

要不断地将10%的需优化的员工进行优化，引进优秀的新人，为团队注入新的思想和活力；同时，更要对70%的可培养的员工进行有效的培养和提升，让他们进入20%的优秀员工行列，确保团队实现动态成长，使企业的人才蓄水池拥有源源不断的资源。

2.271人才盘点的流程

271人才盘点的流程如下。

第一步，面对面约谈。通过面对面约谈，了解员工的沟通和表达能力、思维特点、性格特点等，以及员工对公司和岗位的认同度。

第二步，人才盘点测评。通过专业的测评试题，了解员工的价值观、美感、逻辑思维、专业知识，包括员工的计算机基础水平等。

第三步，工作能力互评。通过工作能力互评，了解员工的工作态度、工作配合度，以及其他员工对该员工的评价。

3. 典型案例

深圳某跨境物流公司的案例如下所示。

笔者在和员工谈话的过程中发现了一些系统性问题。

（1）公司各部门之间协作差

员工反映公司各部门之间协作很差，找其他部门办事儿很困难。由于部门之间协作差，导致各部门经常做一些重复的事情，同样的事情，这个部门做一遍，那个部门也做一遍，极大地浪费了公司资源。

员工和公司之间的对立比较严重，不少员工认为公司欠自己的，自己拿的工资低。其实，无论是谁，都会认为自己拿的工资低。员工的预期和自己的实际能力是有差距的，一旦员工知道别人的工资比自己的高，就会产生不平衡心理，总会有一种错觉，员工"干相同的工作凭什么他的工资比较高？""我都来了这么久了，凭什么新来的员工比我的工资高？"这种情况的出现与公司的薪酬绩效制度的设计有关，比如没做好薪酬保密工作；同时也跟人事在平时的宣传有关。

公司应该尽可能地做到绩效的公开透明，如果没有办法体现绩效，可以采用积分制，将积分做到公开透明。根据积分来确定绩效工资，员工才能知道自己在哪里做得不足。一旦员工觉得公司在剥削他，公司亏欠他，在调岗和外界环境发生变化时，则很容易发生劳动纠纷，这时公司的劳资关系就需要优化了。

（2）公司人情管理大于制度管理，员工认为不公平

一些公司缺少流程和制度体系建设，很多时候只能依靠老板的人情管理，则很容易出现决策偏差。有人的地方就有江湖，有人的地方就有误判，当公司的决策机制是依靠关系而不是制度的时候，公司内就会产生大量的不公平，这种不公平一旦蔓延开来，会导致公司内部暗流涌动。

所以，广大企业要依靠流程和制度去管理，不能靠人情管理。人情管理的后果是决策不透明，员工产生积怨，员工关系恶化，企业内部派系林立，最后企业毁于内斗。

（3）流程制度不完善，流程卡壳，办公效率低

流程不顺，要么重复审批，要么不知道找谁审批；新人来了不知道做什么，只能坐在办公桌前发呆，新人上手效率低，各部门协同办公效率低。流程和制度设计是非常专业的体系，需要经过专业的训练，不是每个人生来就会的。例如某公司的合同审核缺少法务审核环节，业务部门确定合同后直接递交给老板来盖章，老板经常不在公司，不仅会导致合同延迟，合同的风险也很大。

（4）缺少会议决策机制，各种小问题只能由老板去决策

公司的所有决策最终都会被推向老板，老板忙于业务，导致很多重要的决策被延迟。

公司没有形成会议决策机制，则所有问题必然会被推向老板，如果由员工个人自主决策，那么谁来承担风险？员工不想做冤大头，所以很多重

要问题就会一直拖着，没人解决。

（5）技术老旧过时，技术团队能力弱且不自知

公司的网络时断时续，经常卡顿，全部都是有线网络，到处都是网线，会议室没有连无线网络；公司的自研系统服务器使用的依然是老旧的 Windows 家用版，能上传文件却不能下载；技术团队开发了几年，人都走得差不多了，什么都没有开发出来，只剩下什么都不会的技术总监带着三个"弱鸡技术员"，技术总监拿着将近 3 万元的月工资，心里却想着："公司欠我的"。公司一直白养着整个技术团队，每个月要支出约 6 万元，其他部门不懂技术，也不敢问。

（6）销售部门缺少足够的获客经验，公司业务仍以老板导流为主

整个业务团队变成了一个客服团队，老板做销售，公司的业务人员做客服。老板全年无休。

4. 对员工进行各种笔试测评和工作能力互评

在做测评之前，先对员工的性格进行分类，如表 3-9 所示。

表3-9 员工性格分类

动手能力		
性格勇敢		
高度自律		
创作潜力优秀		

管理岗位以胆大心细为佳，经过性格分析，可以帮助公司找出更具有培养潜质的员工。

最终，经过员工谈话、性格测评、工作互评和绩效分析，公司给员工递交了一份人才盘点表。这里不再公开盘点结论，如表 3-10 所示。

表3-10　人才盘点结论

20%优秀		
50%适中		
10%建议调岗优化		

四、变大象为群狼

现在很多企业都在做拆分，做减法，把大象模式变成群狼模式，把业务和劳动关系都拆分到子公司，这样当子公司发生风险后，就不会蔓延到总公司；而且子公司更方便进行独立核算，可以清晰地知道公司的哪个业务赚钱、哪个部门亏钱；新的业务架构更有利于调动子公司法人团队的积极性，把拿死工资变成拿分红，把压力传递给子公司，盈亏自负，赚得多了，法人团队拿得也多，亏得多了，就关门。

提前把大象模式变成群狼模式的公司，往往更容易活下来，还能更快速地提升战斗力。

企业在做拆分的时候，可以使用以下两种拆分方法。

一种是母公司控股的形式，就是母公司掌控 60% 以上的股份。这种方法会合并子公司的财务报表，母公司对子公司的人事任命更有话语权。其缺点是子公司的很多风险也会顺延到母公司，例如劳动风险。当子公司关门，在破产清算的时候，劳动关系视同母公司，因此劳动赔偿也会顺延到母公司。

另一种是一致行动人拆分法,就是母公司只持有一小部分股份,例如30%股份;一致行动人持有一部分股份,例如30%的股份。一致行动人和母公司签订一致行动人协议,然后投票权归母公司,这样母公司就能拥有60%的投票权。这种办法对风险进行了更好的隔离,但是这个一致行动人不能是关联企业,至少法人和股东不应完全相同,否则仍然会导致风险的蔓延。

第四章
和人事相关的流程

流程和我们息息相关,那么什么是好的流程呢?我们会在本章重点探讨和人事相关的流程。

然后,我们会讲到员工的入职流程、离职流程、培训流程等。其中主要以案例的形式来分享流程。

同时,我们会提供一个共享的流程知识库,希望有助于大家学习。

第一节 什么是好流程

"流程"是企业组织基本的构成要件,更是衡量企业管理能力的重要指标,但在具体的管理中,到底什么是流程?好流程通常都具有哪些特色?

1.何为流程?

流程的英文为"process",其中文也可译作"过程"。关于流程是什么,可以给出多个定义,我们来看一下。

"企业再造之父"迈克尔·哈默(Michael Hammer):业务流程是把一个或多个输入转化为对顾客有价值的输出活动。

哈佛大学哲学博士托马斯·H.达文波特(Thomas H.Davenport):业务流程是一系列结构化的可测量的活动集合,并为特定的市场或特定的顾客产生特定的输出。

国际标准化组织ISO9000:业务流程是一组将输入转化为输出的相互关联或相互作用的活动。

不同的定义强调了不同的要点，但归结起来可以发现，"流程"的定义共包括这样六个要素：输入资源、活动、活动的相互作用（结构）、输出结果、顾客、价值。

2. 流程的主要特点

（1）目标性

有明确的输出（目标或任务）。该目的既可以是一次满意的客户服务，也可以是一次及时的产品送达。

（2）内在性

包含于任何事物或行为中。所有的事物与行为都可以用这样的语句来描述："输入的是什么资源，输出了什么结果，中间的一系列活动是怎样进行的，输出者为谁，创造了怎样的价值。"

（3）整体性

至少由两个活动组成。流程，隐含着"流转"的意思，至少需要两个活动才能建立结构或者关系，才能进行流转。

（4）动态性

由一个活动到另一个活动。流程不是一个静态的概念，是按照一定的时序关系徐徐展开的。

（5）层次性

组成流程的活动本身也可以是一个流程。流程是一个嵌套的概念，流程中的若干活动也可以看作"子流程"，可以继续分解成若干个活动。

（6）结构性

流程的结构可以有多种表现形式，如串联、并联、反馈等。若表现形式不同，会给流程的输出效果带来很大的影响。

3.好流程的特征

流程不是简单的操作顺序，而是为了达到目的，将企业内外的各个有机因素（所有因素必须是可控的）进行操作组合。流程的选择不是"择偶"，不能根据自己的主观倾向去判断；同样，流程的好坏也是有其客观标准的，不能仅凭好恶来判断。

流程是由企业内外部环境以及行业特点决定的，好流程的特征应至少包括但不限于以下几个方面。

（1）流程中是否包括完整的5W2H，流程中相关的要素是否全面到位。比如具体到某项活动，是哪些岗位在做，如果该岗位上的人不在，有谁可以接手？

（2）流程中是否包括大量的有商业价值的规则。比如，大于20吨的商品或货物从总仓库出库，小于20吨的商品或货物从区域仓库出库。它包含很多商业规划，是处理不同业务的判断方法。

（3）流程中是否包括运作过程所需要的资源。比如广告制作，哪些广告公司中的哪些人是相当重要的资源；房地产企业有设计院、工程单位、监理单位、政府、银行、法律、税务、会计事务所、咨询公司等很多外围的关系，在这种业务中建立起来的关系是一种强大的核心能力，所以企业的各业务领域对需要的资源进行记录，是成功的关键所在。

（4）流程中是否包括运作过程中所需要的信息和结果性的事实。比如，运行中需要的信息包括可以参考哪些文件、查询哪些网站，以及可以求助哪些人。结果性的事实是常年工作总结的基本常识和经验值，例如促销活动中的投入和产出比应大于2.5、传统企业IT投资总额占营业收入总额的0.5%~1%等。这些信息资料的获取有赖于企业建立以流程为主线的知识管理机制，在做业务的过程中实现知识的积累和复用。

（5）流程中是否有大量例外的处理考虑，即流程中有正向处理和大量例外情况的处理原则。很多流程都是按执行过程的顺序来进行的，但实际运行的流程在每个环节上都会出现各种例外的情况，对例外情况进行处理的流程，在现实运作过程中的总量远大于正常运行的量。所以要重点考虑这类流程的运作程序，基于大量例外的处理程序。比如当送原材料的货车发生意外，根据意外的大小，可能要通知仓库，通知生产部门修改日期，如果量大可能还要通知计划部门重新考虑订单的满足情况，并同时通知客户。

（6）流程中是否有核心的指导原则，这种指导原则是否具有强大的生命力。所谓具有强大的生命力，就是对于流程中没有规定的事情，可以参考流程中的基本原则来做事，而不是等待。这也是应对例外的最终标准。

（7）流程、组织、绩效三者的匹配方面是否存在内在的一致性。如果没有这种一致性，那么流程的运行就会失去基本的运行能力。特别是绩效指标本身的合理性，它是推动企业中各个部门工作的动力，也是流程优化过程中的难点。

（8）流程在多次运行过程中的结果具有相对的稳定性。比如，对流程运行时间的统计不仅要看平均值，还要看方差。稳定性是流程本身质量的一种度量单位，是重要的衡量标准。

4. 好流程的其他特征

（1）可行

好的流程是具有可行性的，即使换个人来执行，也可以得到相同的结果。很多流程设计出来，都是死循环。

没有经过专业训练的人是不知道怎么设计流程的。制度和流程设计都是非常专业的工作，也是当前特别缺少的一类人才。

（2）清晰

好的流程，即使是"小白"也能快速理解并按照这个流程去执行。

每个人都有认知差异，设计流程的标准是要让"小白"能够快速理解。"小白"就是新人，没有经验的新人。如果你做的流程晦涩难懂，让人一看就头大，势必会使人产生抵触情绪，令人不愿意去学习。

为什么我们要求做视频演示？就是为了方便培训，例如，麦当劳的所有流程都有视频教学演示。

（3）简洁

好的流程都没有重复和冗余的步骤，流程中的每一步都是必需的。在设计流程的时候,你要反复地问自己:这一步能删除吗?删除以后对整体会不会有影响?假如一个人在这个环节浪费 5 分钟,1 万个人会浪费多少时间?1 千万个人会浪费多少时间?这个数字非常可怕。

(4)解耦

好的流程都是模块化的,可以避免交织,适配性强,流程是可以单独拿出来的。

所谓解耦,就是将流程积木化,就像我们玩积木一样,将积木组合在一起可以形成一个形状,既可以拆分,也可以替换,因为基本上每个积木块都是独立的,只要它们之间的接口(形状)匹配,就可以灵活地组合在一起。流程设计的专业性很强,流程设计得好不好,主要在于解耦做得好不好。只要解耦做好了,流程的适配性就会不错。

我们之所以说流程设计是非常专业的事情,是因为很多工作都需要解耦,与之类似的工作是程序设计。有的人程序写得好,有的人写得差,程序是计算机执行代码的流程,也要做充分的解耦和模块化。

(5)重点

好的流程都可以明确重点和注意事项,流程设计者会标注出哪个环节容易出错。如果别人总在这个环节出错,就要思考一下:这一步的流程有没有问题,如何避免出错?是人的问题,还是制度或流程的问题?

(6)监督

好的流程都是可以被监督或监管的,要避免出现黑箱流程,同一件事最少要有两个人知道。

(7)维护

好的流程都会根据公司所处的不同阶段，进行相应的调整。

流程不能一成不变，因为没有永远正确的流程，企业要安排一个专门的制度和流程管理员，负责制度和流程的制定、权限管理、流程的更新维护、流程的培训等工作，如果公司的规模不大，创始人就要兼任这项工作。

第二节　如何制定好流程

一、制定好流程的方法

1. 确定所有的工作内容以及每项工作实施的过程和所需的条件,是确定工作流程的第一步

确定工作内容是一个很复杂的过程,这个动态的过程涉及部门的权限和个人的职责。

在确定工作内容时,要注意以下几个问题。

(1)按个人和部门确定工作内容。部门和个人的工作内容基于部门和个人的岗位职责,但又不同于部门和个人的岗位职责,因为它更具体,也更细化。另外,工作内容涉及公司的信誉和利润,还跟复杂的需要多人配合的多部门协作有关,因此必须通过确定工作流程来明确各自的分工。通常个人的工作内容或仅限于个人完成的工作内容,只需个人自己把握即

可。因为工作内容是自己设置的，所以就能提醒和帮助自己有效率地完成工作；而部门内部和部门之间的工作内容通常是由部门和公司来整体确定的。

（2）工作内容是一个动态的过程，我们必须及时对延伸的工作内容进行增加或完善。当遇到新的条件和影响因素，就要及时调整原有的工作方案，并适当地增加和完善原有的工作流程，从而更好地适应变化。

（3）当工作内容辐射到新出现的问题、投诉问题、特殊而紧急的突发问题时，要设立预案。该预案要基于正常的工作方向和工作思路，确定新的可用资源和所需条件，然后再来安排工作流程。

2. 根据工作内容确定相应的工作环节，找出工作节点

工作环节和工作节点的划分往往要结合工作内容的阶段性和所涉及部门的职责来确定。工作环节和工作节点的划分要讲究效率和合理性，不能把一个部门的工作内容进行分解，以免造成资源浪费和责任推诿；也不能把两个部门的工作内容统揽到一个部门，造成越俎代庖、职责划分不清等问题。效率和合理性应该在变动中进行检验，对于影响效率的因素，可以适当调整；对于合理性，要花费一定的时间，以人员的积极性、效果、反馈等调查为依据，适当地进行改变。

工作环节和工作节点的界定可以通过倒推的方式来解决。我们通常可以先设定一个工作内容的结果在什么情况下是合理的，而要想达到这样合理的结果，需要解决哪些前置的问题？要想解决这些前置的问题，又需要

具备哪些条件、掌握哪些资源,以及由哪个部门、哪个岗位的人来解决?以上就是一种可行的、合理的思考方式。

3. 根据工作内容,确定相应的负责部门和具体的岗位

由工作内容确定相应的负责部门和具体的岗位是确定流程中的一个非常关键的环节,因为这不仅需要我们熟悉各部门的职责范围和岗位职责范围,还需要我们准确把握工作内容的实质。落实部门和岗位是对工作流程推动者进行确定,就是要找到工作流程的执行人,而这个过程也是对部门和岗位落实责任的过程。

4. 根据部门和岗位的衔接进行合理的预设,这是实现流程的重要意义所在

流程通常都涉及配合和协作,尤其关系到工作内容价值的配合和协作。流程的价值就是实现工作内容在不同岗位、不同部门之间合理、自觉地流转、配合和协作,因此我们可以对部门之间、岗位之间的流转、配合和协作设置不同的方式,比如相关表格、相关签署、相关的确认等。对于流程中流转办理事项的设置,其实就是对各部门和各岗位责任的界定,对于已经做过的事情、需要做的配合、协作及流转,相互之间都可以通过文字性的东西来核查、比对和界定。

5. 在每个流程环节的属性上增加对时效性的要求

对于流程中的特殊环节,必须要有时效上的要求,这是实现效率的价值所在。缺少各个岗位、各个部门之间及时的要求,流程很可能会失去其

价值和意义。在工作中，要有意识地培养工作人员的时间观念，督促他们自觉地对既定流程进行常规性的遵守、执行和配合。

二、制定好流程的注意事项

工作流程有着不可或缺的重要性，在确定一个工作流程时，要注意以下几个要求。

1. 工作流程要有时效性

如果工作流程没有时效性，它就变成了摆设，也就失去了它存在的价值。之所以要在工作中设置每一个环节，就是为了解决一个特定的问题或事情。若工作流程没有时效，后面的环节也就无法开始了，这至少会影响下一个环节的顺利启动。同时，也可能因为应具备的条件是必要条件而影响下一个步骤的完成。

2. 工作流程应该符合事情和问题解决的合理过程

事情和问题的解决是一个合理的过程，而工作流程必须符合这个过程，不能颠倒主次位置、混淆先后顺序。合理的过程既会考虑到一般解决的程序，也会考虑到特殊条件的具备情况，并结合合理的程序所需的时间和特殊人员的身份属性问题等。

3. 工作流程必须细化到可以执行的地步

既然是流程，就要由人按照事情和问题的解决过程来安排，我们既要把握好大的原则方向，又要注意每一个细节，要可以由人来把控、操作和担当，但不能太宽泛、太弹性化。要细化到每个表单都应该填写好、由责任人来填写、具体的信息要完整、相应的数据能够参考及核对等。

第三节　树立流程思维，实现流程管理

一、流程思维

流程思维，就是在处理事情时能够从事物发展的流程上进行思考和把控。按照时间顺序、步骤顺序将事件进行细化分解，分成事前、事中、事后三个部分进行管理。每个部分又可以分成几个模块去考虑、去分析。把整个活动分模块、分步骤地进行梳理，活动就会变得易于理解和把控。这就是流程思维的精髓所在。

流程思维里最重要的是转变思路，从问题导向变成流程导向，从问题解决者转变成系统的设计者。

构建一次流程，通常要经历以下3个步骤。

步骤1，构建主活动流程。主活动是活动的主要环节。构建主活动流程就是将活动的主要环节进行流程化梳理，可以采用画流程图的方式进

行。通过流程图，我们可以了解活动中的每一步具体要做什么，以及各个步骤的先后顺序。当然，要想画出清晰明了的流程图，必须对活动的各项流程比较清楚，要清楚地知道活动的各个环节、各种情况、各个流程的走向等。

步骤2，补充前置条件和后续工作。前置条件就是前期准备工作，包括计划、筹划、筹备、物资准备、材料准备等。后续工作包括资料整理、售后服务、监督考核、落实追踪等。这些筹备与收尾的工作往往不在同一时间开展，其总会被人忽视，却是建立流程思维的关键。

步骤3，构建多次活动管理。在完成单次活动后，我们可以把活动流程推广到更多的活动中。因此，除活动本身外，我们还要思考规划和服务保障。规划是指策略、计划、预算、政策、标准。服务保障是指完成这些活动需要哪些支持服务，比如人员要到位、质量管控、风险管理等。

二、流程管理的内容

在建立流程思维后，对事情的管理就会形成流程管理。流程管理通常通过制度来呈现，说明"是什么""为什么""如何做"。流程管理包括3个部分。

（1）规划。主要定位于全局性、长远性、集合性。规划的内容包括计划、设计、策略、预算、政策、标准等。

（2）活动。活动完整的动作过程，包含前期的计划和筹备、主活动的实施和运营、后续的追踪和复盘，也就是事前、事中、事后管理，还有完整的 PDCA 运作流程。

（3）服务保障。就是提供所需的资源和服务，包括人力资源管理、质量管理、风险管理等。

流程管理的创立阶段是建立标准化、规范化的流程，减少无用的活动。在建立流程规范之后，要对已有的流程进行评估、优化，提高流程的运作效率，降低流程的运行成本。同时，还要随着环境、条件、政策的变化，重新设计、规范和整合流程，使流程更加科学、合理和规范。

第四节　与人事相关的流程

一、招聘流程

招聘流程通常有 13 个步骤，如图 4-1 所示。

1. 填写《用人需求表》

根据部门年度用人计划或临时招聘需求，应聘者到人事部门领取并填写《用人需求表》。

2.《用人需求表》审批

总经理或人事总监对《人才需求表》进行审批，通过、返回修改或驳回。

员工招进来容易，如果发现不合适，开除员工却不容易。因为在试用期解除劳动关系合同上面需要有充分的证明，所以招聘需求一定要经过审批。

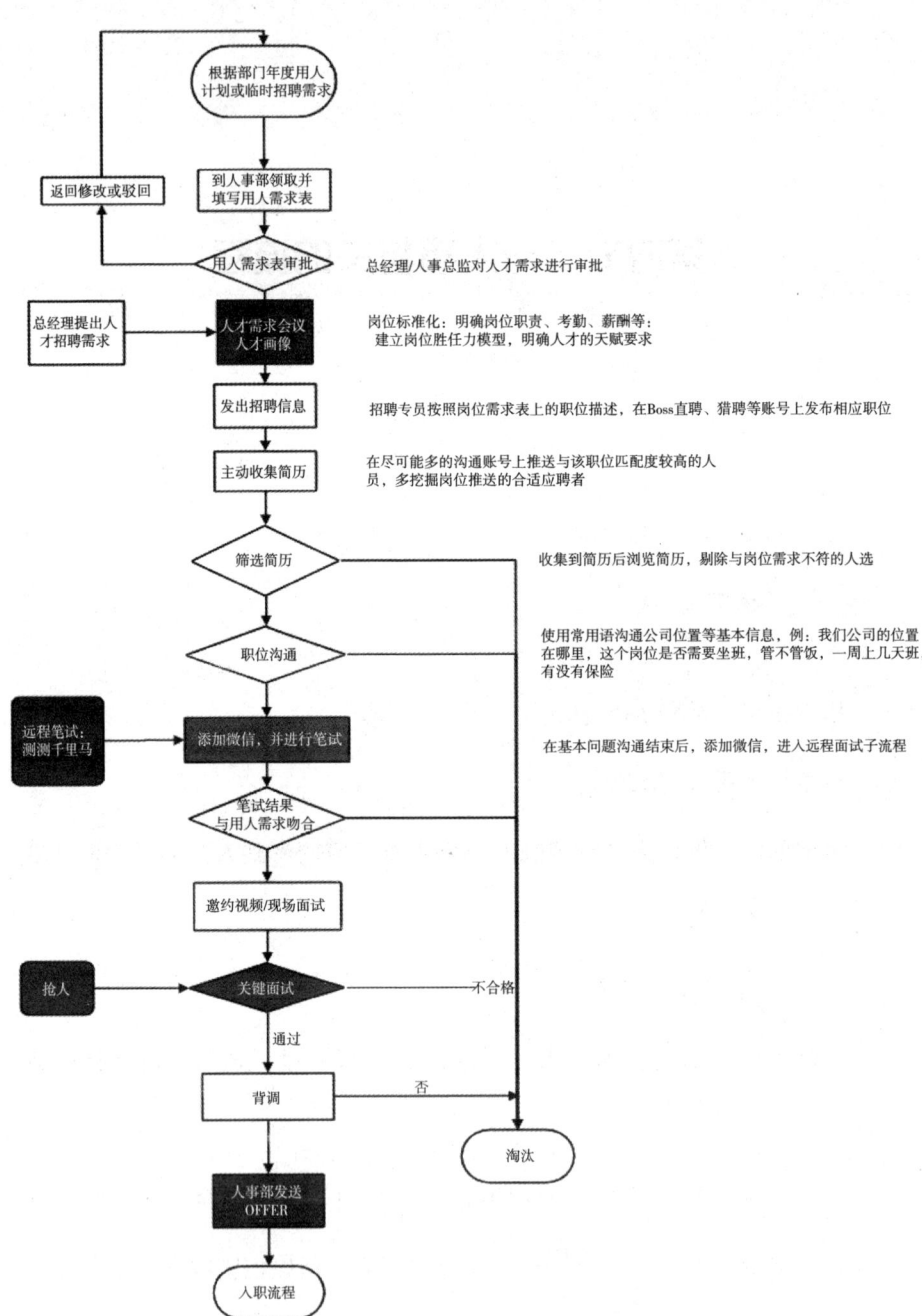

图4-1 招聘流程图

HR 和部门经理考虑的问题往往和 CEO 不一样，为了少承担风险、为了加快工作进度，就会无节制地招人，招的人越多，需要的后勤保障人员越多。组织快速膨胀，沟通效率就会急速下降。5 个人的团队需要建立 10 个连接，10 个人的团队需要建立 45 个连接，50 人的团队需要建立 1225 个连接……沟通的复杂度呈指数级上升。

3. 人才需求会议，人才画像

总经理提出人才招聘需求，明确岗位职责、考勤、薪酬等；建立岗位胜任力模型，明确人才的天赋要求。

企业招错人的代价，绝不是多支付一两个月的工资那么简单，如果招错的是管理者，就要多付几十倍的工资。更为严重的是，如果这个管理者正好负责一个项目，他开发了半年，进展不顺利，那么就会让企业处于骑虎难下的境地。假设团队每月支付 10 万元，半年就是 60 万元，解散团队又是一笔不小的支出，企业就要面临断臂求生的困境。所以要坚持宁缺毋滥的原则。如果没有合适的人才，宁可不做项目。一定要先用小团队试错，待找到合适的团队负责人，再启动项目。

4. 发出招聘信息

招聘专员按照岗位需求表上的职位描述发布职位，主要渠道有以下几种。

（1）网络招聘。可以采用两种形式：一种是在企业自己的网站上发布招聘信息，搭建招聘系统；另一种是与专业的招聘网站合作，在这些网站上发布招聘信息。

（2）现场招聘。主要包括两种方式，即招聘会和人才市场。招聘会一般由政府及各种人才介绍机构发起和组织，比较正规，大部分招聘会都具有特定的主题，比如，"应届毕业生专场""研究生学历人才专场""IT类人才专场"等。人才市场，其地点相对固定，如果是需要进行长期招聘的职位，企业完全可以选择人才市场这种招聘渠道。

（3）猎头渠道。术业有专攻，专业的猎头会按行业分类来招聘人才，比如医药类、地产类、快消类、互联网类、金融类、制造业类等，这样便于更高密度地积累行业人脉，了解行业信息，无障碍地理解企业的招聘需求。如果想招聘高管之类的人才，可以跟猎头合作。

（4）媒体广告。媒体广告的影响力大、覆盖面广、时效性高，可分为传统媒体广告和新媒体广告两大类。传统媒体广告招聘渠道指在报纸、杂志、电视和电台等载体上刊登、播放招聘信息等；新媒体广告招聘渠道指在微博、微信、QQ等新兴的渠道上发布招聘信息，其面向的对象更偏向于年轻人或脑力劳动者。这也是一种不错的招聘渠道。

（5）第三方招聘渠道。随着科技的不断发展以及智能手机的普及，越来越多的HR开始在手机上下载招聘App，如领英、赤兔、Boss直聘、脉脉……在这些类似于QQ的社交软件中，可以直接与人选进行沟通。

（6）内部招聘。公司可以将空缺职位向员工公布并鼓励员工竞争上岗，发布空缺职位信息，让公司内部的所有人员共同参与竞争，毛遂自荐，充分展示员工对职位的适应性。

（7）员工推荐其亲戚朋友来应聘公司的职位。企业和应聘者双方掌握的信息比较及时，就可以省去企业对应聘者信息的真实性进行考察；同时，通过介绍人了解企业各方面的真实情况，应聘者也可以做出理性的选择。

（8）校园招聘。到学校张贴海报、进行宣讲会，可以吸引即将毕业的学生前来应聘。对于一部分优秀的学生，可以由学校推荐；而对于一些比较特殊的职位，可以通过学校进行委托培养后，由企业直接录用。

（9）人力资源外包，简称 HRO。为了降低人力成本、提高招聘效率，企业可以根据需要将某一项或某几项人力资源管理工作或职能外包出去，交由其他企业或组织进行管理。

（10）社交招聘。举办学术会议、产品展示会议甚至招聘会，都是 HR 构建人脉的好时机。HR 不仅可以了解更多同行企业的发展状态、产品的优劣势，还可以深入了解行业知识，为企业做宣传。

5. 主动收集简历

要尽可能地在沟通账号上推送与该职位匹配度较高的人员，多挖掘岗位推送的合适应聘者。

HR 是通过招聘网站来搜集简历的，国内常用的招聘网站有 51job、智联招聘、BOSS 直聘、猎聘网、拉勾招聘等。但不是每家公司都有所有招聘网站的账号，大部分公司只有某一种招聘网站的账号，企业只要购买了会员，HR 就可以直接下载应聘者的简历，看到更多的信息。

企业可以设定自己的接收投递的通道，比如公司官网、公众号等，也可以留下 HR 的邮箱等。

HR 都有自己的圈子，有些内推岗位完全可以先发布在 HR 群里。

HR 还可以在其他一些平台上发布招聘需求，比如豆瓣、贴吧、行业大 V 的公众号等。

6. 筛选简历

HR 收集到简历后，就要浏览简历，剔除与岗位需求不符的人员。

（1）初选。查看简历的基本信息，例如：个人信息，年龄、性别、户口性质、籍贯；教育背景，学历、院校、专业；工作经验，工作年限、职称、特别的专业技能、知识储备；特殊要求，外派、储备等。

根据公司对该岗位的任职资格，把硬件和软件条件的关键词列出来，明确哪些条件是必需的，然后根据硬件和软件要求的关键词对简历进行初步筛选。

通过硬件和软件的关键词要求，迅速地将一些明显不符合聘任要求的简历排除在外，然后再通过进一步的细化逐一区分出合格、合适、匹配的简历。

（2）复选。求职者的工作经历。指求职者工作过的行业性质和特点、企业的性质和特点。

工作内容的对口性。工作时间的长短与专业深度的符合情况，比如，若发现简历中求职者的工作时间短，而实践的内容比较精深，则需要在面试时重点考察。

跳槽的频率和原因。一般而言，工作 3 年以上可视为稳定，如果出现时长为 1 年左右的几次跳槽，基本上可以判断这个人不稳定。

工作时间的间距长短。如果简历上的工作时间中出现了较长时间的空档期，应该在面试时重点关注。

岗位与工作内容是否匹配。如果想招聘培训讲师，而应聘者以前做的重点工作是培训管理，这样可能就不符合岗位需求的条件。

工作所属行业的跨度。一般而言，有明确的职业定位的人都会将自己限定在某个行业内，如果简历上的行业跨度大，不具有相关性，说明此人的职业定位比较模糊。

工作内容、项目经验、工作职责专注于一个特定模块或多个模块。在一个工作模块中的工作时限是多长？是工作模块或项目的负责人还是参与者？工作的汇报对象是谁？注意应聘者的求职意向、薪酬要求与现岗位是否相符。

7. 职位沟通

使用常用语沟通公司位置等基本信息，比如，公司的位置在哪里？这个岗位是否需要坐班？是否管饭？一周上几天班？有没有保险等。

8. 添加微信并进行笔试

在基本问题沟通结束后，HR 可以添加微信，进入远程面试流程。如果需要远程笔试，可以选用"××千里马"等软件工具。

使用"××千里马"等远程面试工具的优点在于不仅能加快初面的招聘效率,还能为管理者提供复试依据,降低对高端 HR 的依赖,适合初创企业使用。为了防止作弊,入职前应对面试者进行一次试题复测。

9. 审核

笔试结果与用人需求吻合。

10. 邀约视频或现场面试

此环节的注意事项:①自报家门(告知公司名称及所属部门);②确认面试人;③确认面试人是否方便;④确认投递简历的方式及应聘的职位;⑤通知面试的时间;⑥告知面试的地址;⑦礼貌的结束语。

11. 关键面试

复试时要有抢人意识,遇到优秀人才,就要立刻确定下来。HR 在约应聘者复试的时候,最好让部门负责人和公司 CEO 都参与进来,如果对来人表示满意,那就当场确定下来。因为高端人才总是稀缺的,一旦遇到了,就要立刻留下。

12. 背调

现在有一种职业,叫作"职业劳动碰瓷人",为了减少企业的风险,背调是不可或缺的。因此,在正式发出 Offer 之前一定要对应聘者进行背调。那么,如何做背调呢?

(1)登录学信网(https://my.chsi.com.cn/),查询学历的真伪。

(2)打电话给应聘者上一家单位的 HR,询问应聘者简历上面的工作经历的真实性。

（3）登录中国裁判文书网（https://wenshu.court.gov.cn/）查看，查询应聘者有没有劳动争议，主要查询有没有劳动碰瓷的情况。这里需要注意的是，仲裁的案件是查询不到的。

13. 人事部发送 Offer

针对社招人员，务必要求其在入职前携带离职证明。

（1）Offer 中尽量不要出现工资等敏感信息。敏感信息要在劳动合同中约定，如果 HR 发出了 Offer，背调却没有通过，应聘者就能根据 Offer 上的要求索赔。因为不能建立劳动关系的过错在公司一方，属于缔约过失，公司要承担 1~3 个月的工资赔偿。

（2）社招和校招。千万不要迷信名校背景或大厂离职人员，相比这些光环，测评中心更可信。一定要持续使用测评中心，面试用，试用期用，工作期间也要用。

（3）CEO 永远都是企业的首席人才官。所以要像打造产品一样去打造你的企业，打造企业的制度和流程。为遇到好的流程和制度，可以直接借鉴过来，再进行完善和修改，一边使用一边本土化，然后不断迭代更新。

二、入职流程

新员工的入职流程有以下 9 个环节，如图 4-2 所示。

（1）提供姓名、电话、身份证、银行卡（工资）、毕业证书、简历等入职基本资料（入职当天）。

（2）体检报告一份。一定要设定入职体检制度，以免传染性疾病在公司范围内流行（入职当天）。

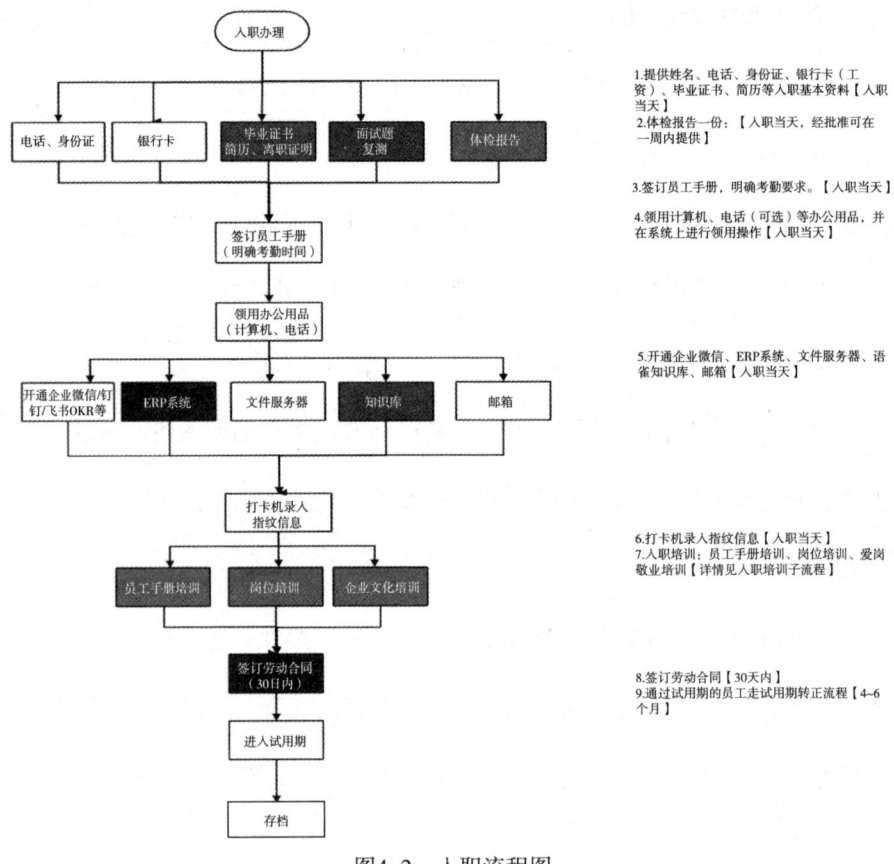

图4-2 入职流程图

新入职人员在入职前需要提交的体检报告，其主要内容涉及以下几个方面。①血常规18项：血液病、炎症等。②心电图：心脏健康。③胸透：心、肺疾病检查。④B超检查：肝、胆、肾检查。⑤尿常规：检查肾功能。⑥幽门螺杆菌检查（必查）。⑦传染病检查：艾滋病、乙肝、淋病、梅毒。患有乙肝大三阳的应聘者需要如实告知，待病情稳定后才能入职。体检费用预计为300~500元，新员工入职满1个月，公司可报销体检费用。

（3）签订员工手册，明确考勤要求（入职当天）。

（4）让员工领用计算机、电话（可选）等办公用品，并在系统上进行领用确认操作（入职当天）。

（5）开通企业微信、ERP系统、文件服务器、语雀知识库和邮箱（入职当天）。

①员工经常需要走报销流程，使用一套免费好用的财务审批ERP，就能极大地提高办事效率。比如，使用爱米欢ERP系统可以方便地进行财务审批及审核，尤其适合行政物品的采购报销、行政物品管理和固定资产管理，它还支持领用归还操作和强大的统计功能。

②文件服务器。在文件服务器内可以存放培训视频、公共文档、离职文件等，文件服务器有丰富的权限配置。

③企业要想建立企业文化，形成群体记忆，离不开知识库系统的支持。需要注意的是，在知识库中申请加入团队的时候要求实名制。为了避免文档丢失，建议先在自己的个人空间建立文档，然后将其拷贝到协作文档库中。为了避免同事的文件丢失，只允许删除自己作为维护员的文档，禁止清空协作知识库的回收站。

（6）打卡机录入指纹信息（入职当天）。

（7）入职培训。主要内容涉及员工手册培训、岗位培训、爱岗敬业培训。《员工手册》上必须要有员工的确认签字，否则《员工手册》上面规定的内容是不被法院承认的。对于关键内容，员工甚至要在对应的页面上签字。

（8）签订劳动合同。跟员工签订劳动合同一般要在30天内，如果公司在30天内结束试用期，则可以不签。如果超过30天不签署劳动合同的话，属于违法行为。员工可以主张公司给予双倍工资的赔偿。同时，在劳动合同中要明确约定试用期考核标准，××千里马的测评结果可以作为转正标准。建议应聘者在入职前签订《末位调岗协议书》，否则如果员工后期不能胜任工作岗位或公司因业务变动给员工调岗，就会引发法律风险。

（9）通过试用期的员工走试用期转正流程（4~6个月）。

三、培训流程

新入职员工的培训流程有以下9个环节，如图4-3所示。

1. 提出培训计划

培训计划包括培训内容、方式方法、培训人员等方面。

培训项目的实施要按步骤进行，不能走过场。

2. 选择培训课程

（1）入职培训+安全知识培训。主要内容包括公司介绍，如公司的使命、公司的愿景、公司制定的战略、公司明确的目标、公司的主营业务、产品介绍；公司组织架构的介绍，如部门负责人是谁、员工的汇报对象是谁、直属领导是谁；企业文化培训、爱岗敬业培训、员工手册培训以及安全培训，如灭火器的使用、设备操作安全的注意事项等。新员工入职的第1~2天完成培训，然后进行入职培训考试。

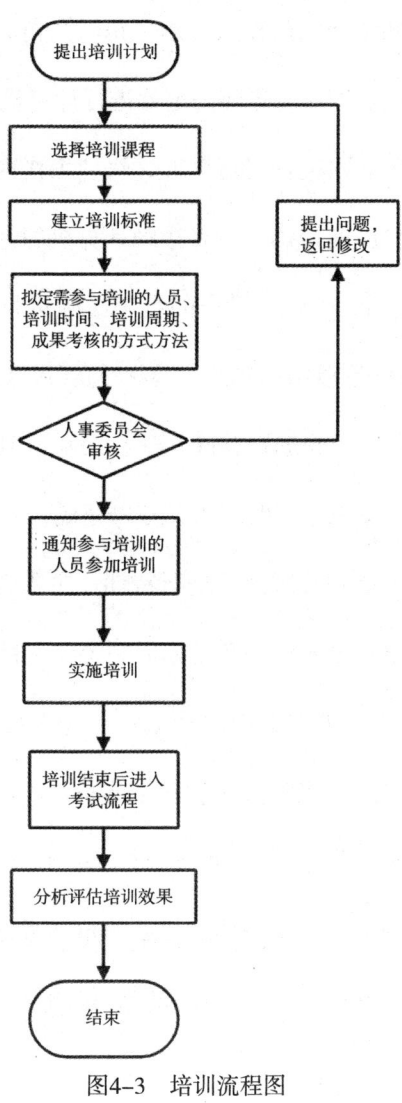

图4-3　培训流程图

（2）岗前培训 + 基础技能培训。工作中有一个现象，即员工使用的计算机常常是卡顿的，内存不够用，还会出现各种弹窗。之所以会出现这种情况，主要是因为学校很少会教学生计算机基础知识，只教 Office 等办公软件，导致员工对操作系统一无所知，一些员工连添加打印机等基础办公功能都不会，更不知道什么是输入法的全角、半角。所以，为了便于未来更好地开展工作，在员工入职之前一定要进行计算机基础技能的培训。

专业岗位的员工必须进行岗前培训，培训工作内容和工作流程，例如客服岗前培训、人事岗前培训。所有接触计算机的办公室人员，都需要学习计算机基础知识。涉及 ERP 操作的员工必须进行 ERP 使用培训。ERP 最基本的功能就是财务报销的审批、客户的管理和订单的管理。管理人员、人事专员需要学习视频编辑软件，学会录制培训教程。

这一环节要在新员工入职的第 1 个月内完成，并进行考试。

（3）针对管理人员和关键岗位进行特训。主要内容包括：职业规划培训，可以帮助员工更好地成长，知道如何制定个人目标、如何与领导相处；制度和流程培训，让员工理解制度和流程，深度思考组织背后的运行规则，知道如何做出正确的决策，熟悉教练体系，能够和公司共同发展、共同成长，方便未来进行人才的复制；针对人事和部门负责人可以进行人才密码课的培训，培训之前员工往往从自己的角度考虑问题，培训以后员工可以把公司变成他们发展的平台，让关键岗位的员工学会站在公司的角度考虑问题。

3. 建立培训标准

（1）新员工上岗培训的内容主要包括：企业的价值观与企业文化培训；企业的规章制度与政策内容培训；企业的报酬制度与待遇培训；工作准则与工作安排培训；对企业的发展历史与领导班子的介绍。

（2）对基层管理人员进行培训的内容主要包括：对工作方法与技巧进行培训；对如何处理好人际关系进行培训；对如何进行有效的管理进行培训。

（3）对中高层管理者进行培训的内容主要包括：战略知识培训；人力资源知识培训；项目管理知识培训；行业知识培训。

4. 拟订方案

拟定需参与培训的人员、培训时间、培训周期、成果考核的方式方法。

5. 审核

人事委员会审核。提出问题，返回修改。

6. 培训

通知参与培训的人员参加培训。

7. 实施培训

（1）加强企业培训师队伍的建设。现有的很多专业的人力资源咨询公司和培训机构可以提供管理者、内训师的干部技能培训，企业可以外包给这些公司去做，提高内训师的素养、技能等。

（2）分层培训法。明确岗位责任，在日常工作中，按照岗位责任考核，了解什么层级的岗位需要什么样的能力；之后，把岗位职责与员工所需要的专业技能、培训课程相对应，形成对照系统，分层级进行细致化的培训，更有针对性地制订培训计划、改进员工需要掌握的工作技能。

8. 培训结束，进入考试流程

培训结果经人力资源部抽查后，上报公司总经办；总经办针对人力资源部及新员工所在部门培训新员工的培训情景，每3个月向人力资源部总结反馈一次。

9. 分析评估培训效果

跟踪培训效果，并不断完善。将培训信息录入公司的培训系统，为下次培训工作的开展提供经验教训。

四、离职流程

公司辞退员工的流程有8个环节，如图4-4所示。

1. 时间要求

试用期员工提前3天，正式岗位员工提前30天。

2. 约谈

公司HR约谈被辞退员工，其间要明确辞退原因，减少劳动纠纷。

第四章 和人事相关的流程

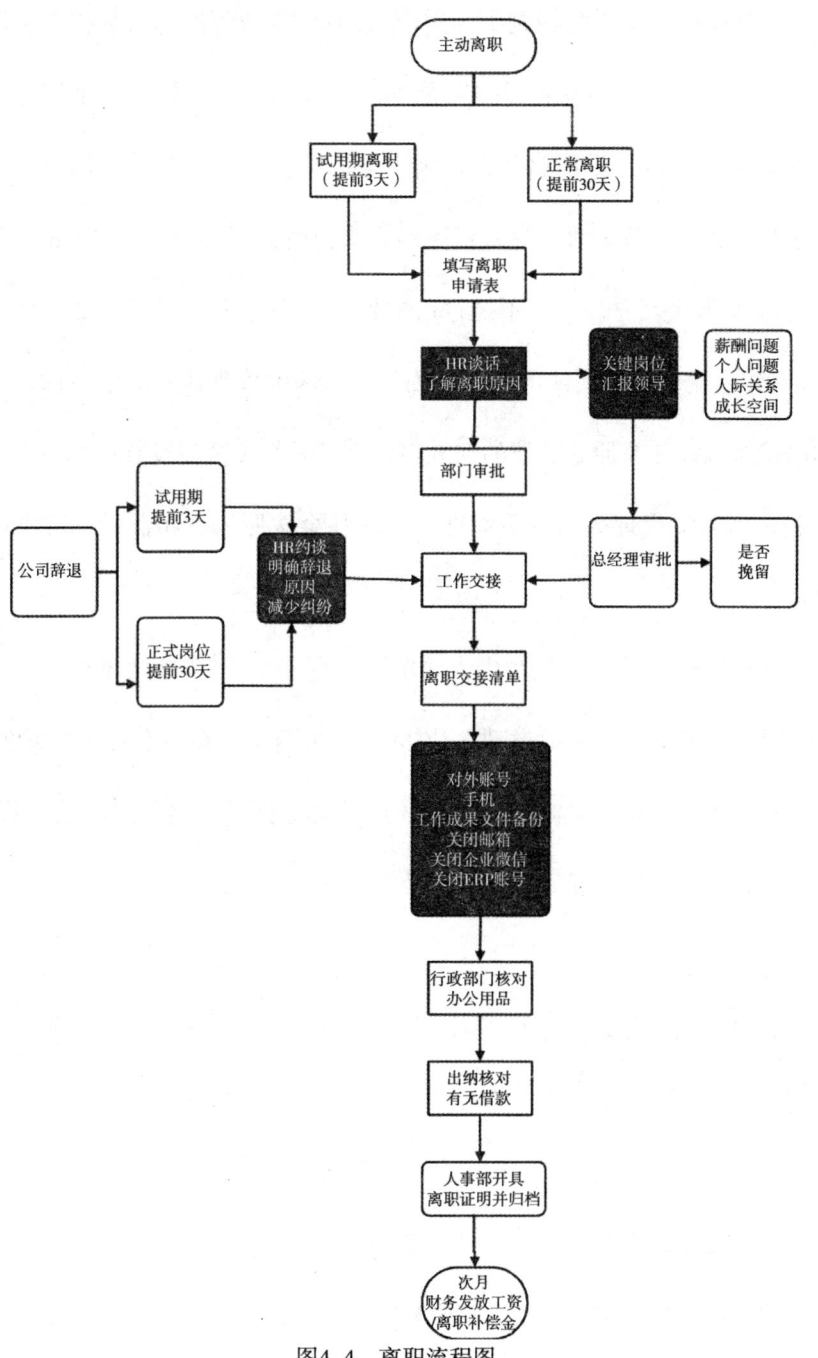

图4-4 离职流程图

在解除劳动关系的谈判中，HR 应该尽可能地帮助公司节省"子弹"。按照目前的环境，不赔偿是不可能的，但公司要节约资金以维持业务的正常运转，不能把钱都赔光，否则剩下的员工就只能喝西北风了，一些公司甚至连经营都困难，这对留下的人来说明显不公平。很多 HR 在谈赔偿的时候非常大方，由于不是自己的钱，明明不需要赔偿的也赔偿。同时，HR 要避免劳动纠纷的发生，因为一旦风险代理律师接手案件，索取的赔偿金额往往是原始赔偿的四五倍，尤其是很多公司没有做到书面告知年假，当风险代理律师接手案件后，往往会按照未放年假的标准索取赔偿金。

在解除劳动关系的谈判中，要配合《员工手册》、绩效考核成绩等书面文件，做到充分告知辞退理由。HR 一定要清楚，在结束劳动关系之前，只要员工不同意协商解除劳动关系，公司就属于违法解除。所以，通过绩效考核让员工自己主动离职，乃是最优方案。

3. 工作交接

在员工离职前，要做好离职工作的交接和离职文件的备份工作，具体内容如下。

（1）交接工作流程和工作内容（离职前 30 天）。

（2）交接各平台的账户密码（离职前 30 天）。

（3）交接成果文件，人事部门要同步备份成果文件（离职前 30 天）。

（4）交接工作注意事项（离职前 30 天）。

（5）归还计算机、告知计算机的开机账号及密码，并在系统上进行归还确认操作（离职当天）。

（6）归还电话等办公用品，并在系统上进行归还确认操作（离职当天）。

（7）关闭企业微信、ERP 系统、文件服务器、邮箱（离职当天）。

4. 离职交接清单

离职交接清单包括对外账号、手机、工作成果文件备份等。关闭邮箱，关闭企业微信，关闭 ERP 账号。

5. 物品交接

由行政部门核对办公用品。

6. 出纳核对有无借款

财务结清的要点如下。

（1）核对有无欠款、备用金等，如有则需要归还（离职当天）。

（2）离职次月进行工资结清。

（3）有社保的离职员工，HR 要进行社保减员操作（按双方的约定）。

7. 人事部门开具离职证明并归档

离职证明是人事部门会主动开具的一种雇佣关系的证明，证明上描述了员工在入职、离职时的情况以及工作表现。这张证明的申请程序是比较简单的，它往往包含在离职手续中。

8. 财务结算

在员工办完离职手续的次月，财务发放工资或离职补偿金。

五、主动离职流程

（1）如果员工在试用期内离职，需提前3天。若员工是正常离职，需提前30天。

（2）填写离职申请表。

（3）HR谈话，明确离职原因。若员工处于关键岗位，则HR须向领导汇报，寻找离职原因，比如薪酬问题、个人问题、人际关系、成长空间。最后由总经理决定是否挽留。

（4）部门审批。

（5）工作交接。

（6）离职交接清单。包括对外账号、手机、工作成果文件备份等。关闭邮箱，关闭企业微信，关闭ERP账号。

按照《中华人民共和国劳动合同法》，员工可以随时离职，只要员工不想再上班了，就可以不来。只要员工没给公司造成实质性的损失，公司是不能扣员工的工资的，所以企业最好在平时就做好工作文档的在线保存，梳理清楚流程，定期备份账号，做到任何一个人突发离职，都可以从容应对。

（7）行政部门核对办公用品。

（8）出纳核对有无借款。

（9）人事部门开具离职证明并归档。

（10）在员工离职手续办结的次月，财务发放工资或离职补偿金。

第五节 共享的流程知识库

要想学习更多流程，请前往笔者制作的流程知识库，里面有丰富的流程，可以供大家参考和学习（https://imihuan.yuque.com/bosszhanglaoban/mf1pzz）。

财务相关流程。主要包括：付款流程；小金额费用报销流程；大金额费用报销流程；固定资产管理流程。

采购相关流程。主要包括：招标流程；供应商资格审核流程；采购询价流程；临采入库结算流程；预付款采购入库结算流程；月结采购入库结算流程。

仓储相关流程。主要包括：盘点流程；打单发货流程；成品入库流程。

生产相关流程。主要包括：生产流程；印刷流程；BOM录入流程；生产前的准备流程；样品制作和确认流程；生产费用核算流程。

通过对流程的学习，我们可以把公司的业务安全指数提高到一个全新的高度。这里简单讲一下容易出问题的流程。

（1）在财务付款流程中，出纳和会计必须由两个人来分别担任，一个人主要负责付款，另一个人负责审核和记账。要使用公共的 ERP 系统，方便 CEO 随时查看账目。在付款时，要将系统审核和纸质文件审核结合起来，避免出现纸质文件造假、系统造假等情况。CEO 不要过度下放财务权限，不要觉得不以为然，更不要觉得天经地义。美团、饿了么等大公司都发生过重复付款的问题，这些公司尚且如此，中小型公司如何能避开？朋友合伙做生意，最终闹得不欢而散，很多是因为财务不透明。有些公司上亿元的资产被出纳挪用，就是因为其缺乏基本的流程规范。

（2）在采购流程中，2B 的业务有一个天然的缺陷，即付款人和产品使用人不同，这样很容易发生行贿及受贿。要想避免此类问题，就要尽可能地把采购工作进行分割，那把供应商资格审核、招标、采购定价、日常采购、采购入库等工作分开来进行。为了减少贪腐问题，可以参考流程知识库里介绍的招标流程。

（3）中国企业缺乏制度和流程人员，如果你对这方面感兴趣，可以继续深入学习。

（4）制度和流程的缺乏让大量的工作变成无效劳动。据不完全统计，90% 的项目会无疾而终，50% 的产品是劣质产品，并产生了大量的工业垃圾。

（5）制度和流程好似左膀右臂，二者缺一不可。不要想当然地认为只要有流程就行了，不需要制度。